改訂新版

まるごと授業 算数 5年（下）

喜楽研の
QRコードつき授業シリーズ

板書と授業展開がよくわかる

企画・編集：原田 善造・新川 雄也

わかる喜び学ぶ楽しさを創造する教育研究所　略称 喜楽研

はじめに

「子どもたちが楽しく学習ができた」「子どもたちのわかったという表情が嬉しかった」という声をこれまでにたくさんいただいております。喜楽研の「まるごと授業算数」を日々の授業に役立てていただき誠にありがとうございます。今回は，それを一層使いやすくなるように考え，2024年度新教科書にあわせて「喜楽研のQRコードつき授業シリーズ改訂新版　板書と授業展開がよくわかる　まるごと授業算数 1年～6年」(上下巻計12冊)を発行することにいたしました。

今回の本書の特徴は，まず，ICTの活用で学習内容を豊かにできるということです。QRコードから各授業で利用できる豊富な資料を簡単にアクセスすることができます。学習意欲を高めたり，理解を深めたりすることに役立つ動画や画像，子どもたちの学習を支援するワークシートや，学習の定着に役立つふりかえりシートも整えております。また，授業準備に役立つ板書用のイラストや図も含まれています。

次に，本書では，どの子もわかる楽しい授業になることを考えて各単元を構成しています。まず，全学年を通して実体験や手を使った操作活動を取り入れた学習過程を重視しています。子ども一人ひとりが理解できるまで操作活動に取り組み，相互に関わり合うことで，協働的な学びも成り立つと考えます。具体物を使った操作活動は，それを抽象化した図や表に発展します。図や表に表すことで学習内容が目で見えるようになりイメージしやすくなります。また，ゲームやクイズを取り入れた学習活動も満載です。紙芝居を使った授業プランもあります。それらは，子どもたちが楽しく学習に入っていけるように，そして，協働的な学びの中で学習内容が習熟できるような内容になっています。全国の地道に算数の授業づくりをしておられる先生方の情報を参考にしながらまとめ上げた内容になっています。

学校現場は，長時間勤務と多忙化に加えて，画一的な管理も一層厳しくなっていると聞きます。新型コロナ感染症の流行もありました。デジタル端末を使用することで学び方も大きく影響されてきています。そんな状況にあっても，未来を担う子どもたちのために，楽しくてわかる授業がしたいと，日々奮闘されている先生方がおられます。また，新たに教員になり，子どもたちと楽しい算数の授業をしてともに成長していきたいと願っている先生方もおられます。本書を刊行するにあたり，そのような先生方に敬意の念とエールを送るとともに，楽しくわかる授業を作り出していく参考としてお役に立ち，「楽しくわかる授業」を作り出していく輪が広がっていくことを心から願っています。

2024年3月

本書の特色

すべての単元・すべての授業の指導の流れがわかる

　学習する全単元・全授業の進め方を掲載しています。学級での日々の授業や参観日の授業，研究授業や指導計画作成等の参考にしていただけます。

　各単元の練習問題やテストの時間も必要なため，本書の各単元の授業時数は，教科書より少ない配当時数にしています。

1時間の展開例や板書例を見開き2ページでわかりやすく説明

　実際の板書をイメージできるように，板書例を2色刷りで大きく掲載しています。また，細かい指導の流れについては，3〜4の展開に分けて詳しく説明しています。どのように発問や指示をすればよいかが具体的にわかります。先生方の発問や指示の参考にしてください。

QRコンテンツの利用で，わかりやすく楽しい授業，きれいな板書づくりができる

　各授業展開ページのQRコードに，それぞれの授業で活用できる画像やイラスト，ワークシートなどのQRコンテンツを収録しています。印刷して配布するか，タブレットなどのデジタル端末に配信することで，より楽しくわかりやすい授業づくりをサポートします。画像やイラストは大きく掲示すれば，きれいな板書づくりにも役立ちます。

　ベテラン教師によるポイント解説や教具の紹介なども収録していますので参考にしてください。

ICT活用のアイデアも掲載

　それぞれの授業展開に応じて，電子黒板やデジタル端末などのICT機器の活用例を掲載しています。子ども自身や学校やクラスの実態にあわせてICT活用実践の参考にしてください。

５年（下）目　次

はじめに ・・・・・・・・・・ 2

本書の特色 ・・・・・・・・ 3

本書の使い方 ・・・・・・・ 6

QR コンテンツについて ・・・ 8

文章題の解き方（４マス表）提案 ・・・ 10

にらめっこ図で割合がわかる ・・・・ 12

QR コンテンツについて

授業内容を充実させるコンテンツを多数ご用意しました。右の QR コードを読み取るか下記 URL よりご利用ください。

URL: https://d-kiraku.com/4750/4750index.html
ユーザー名：kirakuken
パスワード：ne8Ht6

※ 各授業ページの QR コードからも，それぞれの時間で活用できる QR コンテンツを読み取ることができます。
※ 上記 URL は，学習指導要領の次回改訂が実施されるまで有効です。

平　均

学習にあたって・指導計画 ・・・・ 14

第１時 平均の意味と求め方 ・・・ 16

第２時 平均を求める ・・・・・ 18

第３時 いろいろな平均 ・・・・・ 20

第４時 平均から全体の量を求める ・・ 22

第５時 自分の歩幅を求める ・・・ 24

第６時 自分の歩幅で長さを測る ・・ 26

単位量あたりの大きさ

学習にあたって・指導計画 ・・・・ 28

第１時 混み具合を比べる① ・・・ 30

第２時 混み具合を比べる② ・・・ 32

第３時 人口密度①（市町村） ・・・ 34

第４時 人口密度②（都道府県） ・・ 36

第５時 収穫度 ・・・・・・・ 38

第６時 単　価 ・・・・・・・ 40

第７時 燃　費 ・・・・・・・ 42

発展　密　度 ・・・・・・・ 44

速　さ

学習にあたって・指導計画 ・・・・ 46

第１時 電車の速さ比べ① ・・・ 48

第２時 電車の速さ比べ② ・・・ 50

第３時 いろいろな速さ ・・・・・ 52

第４時 時速・分速・秒速の関係 ・・・ 54

第５時 道のりを求める ・・・・・ 56

第６時 時間を求める ・・・・・ 58

第７時 仕事の速さ ・・・・・・ 60

第８時 「速さ」「時間」「道のり」の関係 ・ 62

四角形と三角形の面積

学習にあたって・指導計画 ・・・・ 64

第１時 平行四辺形の面積 ・・・・ 66

第２時 平行四辺形の求積公式 ・・・ 68

第３時 高さが外にある平行四辺形の面積 ・ 70

第４時 平行四辺形の底辺と高さと面積の関係 ・・・・・・ 72

第５時 三角形の面積 ・・・・・ 74

第６時 三角形の求積公式 ・・・・ 76

第７時 三角形の高さ ・・・・・ 78

第８時 三角形の底辺と高さと面積の関係 ・ 80

第９時 台形の面積 ・・・・・・ 82

第10時 台形の求積公式 ・・・・ 84

第11時 ひし形の面積 ・・・・・ 86

第12時 いろいろな四角形の面積 ・・ 88

第13時 高さと面積の比例関係 ・・・ 90

割合とグラフ A 案

学習にあたって・指導計画 ・・・・・ 94

4年ふりかえり ・・・・・・・・ 96

第1時　割合で比べる ・・・・・ 98

第2時　割合を求める ・・・・・ 100

第3時　全体と部分，部分と部分の割合　102

第4時　百分率と歩合 ・・・・・ 104

第5時　比べられる量を求める ・・・ 106

第6時　もとにする量を求める ・・・ 108

第7時　○％引きの問題 ・・・・・ 110

第8時　○％増しの問題 ・・・・・ 112

第9時　帯グラフ・円グラフの読み取り①
　　　　　　　　　　　　　・・・114

第10時　帯グラフ・円グラフの読み取り②
　　　　　　　　　　　　　・・・116

第11時　帯グラフに表す ・・・・ 118

第12時　円グラフに表す ・・・・ 120

第13時　2つのグラフを比べる ・・・ 122

第14・15時　調べて整理し，発表する ・ 124

割合とグラフ B 案

学習にあたって・指導計画 ・・・・ 128

第1時　割合測定器 ・・・・・ 130

第2時　割合の図 ・・・・・ 132

第3時　比べる量を求める ・・・ 134

第4時　割合を求める ・・・・・ 136

第5時　もとにする量を求める ・・・ 138

第6時　割合の文章問題（混合）・・・ 140

正多角形と円

学習にあたって・指導計画 ・・・ 142

第1時　正多角形の意味 ・・・・・144

第2時　円を使った正多角形の作図 ・・146

第3時　正六角形の作図 ・・・・・148

第4時　直径と円周の関係 ・・・・150

第5時　円周の長さを求める ・・・・152

第6時　円周のいろいろな問題 ・・・154

第7時　直径と円周の長さの関係 ・・・156

角柱と円柱

学習にあたって・指導計画 ・・・・・160

第1時　立体のなかま分け ・・・・・162

第2時　角　柱 ・・・・・・・164

第3時　円　柱 ・・・・・・・166

第4時　見取図 ・・・・・・・168

第5時　角柱の展開図 ・・・・・・170

第6時　円柱の展開図 ・・・・・・・172

本書の使い方

◆ **板書例**

　時間ごとに表題（めあて）を記載し，1〜4の展開に合わせて，およそ黒板を4つに分けて記載しています。（展開に合わせて❶〜❹の番号を振っています）大切な箇所や「まとめ」は赤字や赤の枠を使用しています。ブロック操作など，実際は操作や作業などの活動もわかりやすいように記載しています。

◆ **目標**

　1時間の学習を通して，児童に身につけてほしい具体的目標を記載しています。

◆ **POINT**

　時間ごとの授業のポイントやコツ，教師が身につけておきたいスキル等を記載しています。

◆ **授業の展開**

① 1時間の授業の中身を3〜4コマの場面に切り分け，およその授業内容を記載しています。

② Tは教師の発問等，Cは児童の発言や反応を記載しています。

③ 枠の中に，教師や児童の顔イラスト，吹き出し，説明図等を使って，授業の進め方をイメージしやすいように記載しています。

第❶時
平均の意味と求め方

本時の目標 平均の意味がわかり，平均を計算で求められることが理解できる。

板書例

ならした大きさを求めよう

❶ 〈ブロックの高さをならそう〉

❷ ジュースが3つのコップに 110mL，150 m L，100mL 入ってます。どのコップも同じ量にするにはどうしたらよいでしょうか。

❸
110mL　150mL　100mL

110+150+100
=360（mL）

360÷3=120
120mL

（110+150+100）÷3=120
　　合計　　　個数

※実際は平均水槽で操作する。

4こ

POINT 3分で作れる「平均水槽」の教具を使って「平均」のイメージをつくりましょう。

1 ブロックを同じ高さにならそう

T　ブロックが5個，2個，6個，3個と積まれています。どのブロックも同じ高さ（個数）になるように，ならしましょう。

　「ならす」とは「同じ大きさにする」意味であることを確認しておく。

多いところから少ないところに移動させて…

C　どれも4個ずつになったよ。
C　今回はうまくいったけど，もっと沢山の数でやろうとすると，同じようにできないな。

2 ジュースの量も同じようにならしてみよう

T　3つのコップにジュースがそれぞれ110mL，150mL，100mL 入っています。どのコップのジュースも同じ量にするにはどうしたらいいですか。

　実物のジュース（色水）を提示する。

　3つに仕切られた入れ物（平均水槽）に，それぞれの量のジュースを入れ，この先の操作を予想させたい。

間の仕切りを取ったら3つの量が合わさるね

合わせた量を同じ量ずつ3つに分けたらいいのか

　平均水槽を使って3つに分かれていたジュースを合計し，それを均等に3つに分ける操作を見せ，平均のイメージを持たせたい。

16

6

◆ 準備物

　1時間の授業で使用する準備物を記載しています。準備物の数量は，児童の人数やグループ数などでも異なってきますので，確認して準備してください。

　[QR] は，QRコードから使用できます。

◆ ICT

　各授業案のICT活用例を記載しています。

◆ QRコード

　1時間の授業で使用するQRコンテンツを読み取ることができます。

印刷して配布するか，児童のタブレットなどに配信してご利用ください。

（QRコンテンツの内容については，本書p8, 9で詳しく紹介しています）

　※ QRコンテンツがない時間には，QRコードは記載されていません。
　※ QRコンテンツを読み取る際には，パスワードが必要です。パスワードは本書p4に記載されています。

| 準備物 | [QR] 動画「平均水槽」
[QR] 動画「連通ペットボトルの作り方」
[QR] ふりかえりシート
[QR] 板書用図　板書用ブロック | I
C
T | 表計算機能などを使ってコップに異なる量のジュースが入っている様子を表した図を作って配信すると，「平均」の意味に迫りやすくなる。 | |

❹

まとめ

> いくつかの数量を等しい大きさになるようにならしたものを 平均 といいます。
> 　　　　平均 ＝ 合計 ÷ 個数

> 4つのコップにそれぞれ75mL，65ｍL，60mL，80mL入ってます。平均は何mLになりますか。

$$(75+65+60+80) \div 4 = 70$$
合計　　　　　　個数

70mL

3　コップ1個分の量を求めて，求め方を説明しましょう

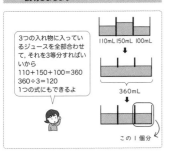

3つの入れ物に入っているジュースを全部合わせて，それを3等分すればいいから
110+150+100=360
360÷3=120
1つの式にもできるよ

110mL 150mL 100mL

360mL

この1個分

平均を求める式を平均水槽の操作に結びつけ，イメージできるようにする。

4　平均のまとめをし，練習をしましょう

Ｔ　いくつかの数量を，等しい大きさになるようにならしたものを平均といいます。ここでは，この3個のジュースの量の平均は120mLです。言葉の式で表すと，平均＝合計÷個数になります。

　　学習のまとめをする。

Ｔ　75mL, 65mL, 60mL, 80mLの平均を求めましょう。

この場合は入れ物が4個だから合計÷4になります。

ふりかえりシートが活用できる。

QR コンテンツの利用で
楽しい授業・わかる授業ができる

授業動画や授業のポイント解説，簡単で便利な教具などを紹介

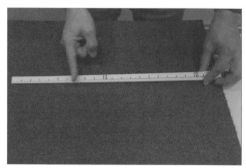

　　子どもが喜ぶ楽しい「紙芝居」を使った授業や，簡単に作れる教具を使った授業，各学年でポイントとなる単元の解説など，算数のベテラン教師による動画が視聴できます。楽しいだけでなく，どの子も「わかる」授業ができるような工夫が詰め込まれています。

授業で使える「ふりかえりシート」「ワークシート」

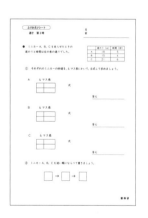
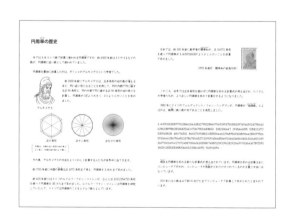

　　授業の展開で使える「ワークシート」や，授業のまとめや宿題として使える「ふりかえりシート」などを収録しています。クラスの実態や授業内容に応じて，印刷して配布するか，児童のタブレットなどに配信してご利用ください。

見てわかる・理解が深まる動画や画像

　文章や口頭では説明の難しい内容は，映像を見せることでわかりやすく説明できます。視覚に訴えかけることで，児童の理解を深めると同時に，児童が興味を持って授業に取り組めます。

※ 動画には音声が含まれていないものもあります。

板書作りにも役立つ「イラストや図・表」

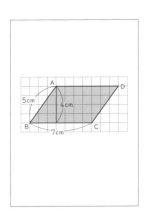

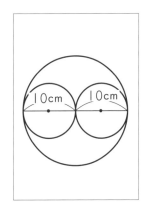

　イラストや図・表は，黒板上での操作がしやすく，きれいな板書作りに役立ちます。また，児童に配信することで，タブレット上で大きくはっきりと見ることもできます。

※ QR コンテンツを読み取る際には，パスワードが必要です。パスワードは本書 p4 に記載されています。

文章題の解き方　提案

提案者：原田善造

なぜ，かけ算・わり算４マス表が必要になったのか

５年生を担任していたとき，次のような文章題でたくさんの子どもたちが誤答でした。

> 0.6 m が 0.3kg のはり金があります。このはり金 1 m の重さは何 kg ですか。

0.6 × 0.3 や，0.3 × 0.6 と立式した子どもと，わからないと答えた子どもが約３割，

0.6 ÷ 0.3 と立式した子どもが約５割いました。

なんと８割もの子どもたちが誤答だったのです。

ショックを受けた私は，日夜考え，次のような文章題の解き方を子どもたちに提案しました。

文章題をかけ算・わり算４マス表に整理する

上記の文章題を対応表（かけ算・わり算４マス表）に整理すると，次のようになります。

（※対応表とも名づけたのは，はり金の長さとその重さが対応している表だからです。）

| 1 m あたりの重さ（1 あたり量） | ←→ | ? kg | 0.3 kg | → 0.6 m で何 kg になるか |
| 必ず 1 | ←→ | 1 m | 0.6 m | → はり金の長さ（いくら分） |

かけ算・わり算４マス表に整理したあと，簡単な整数におきかえて立式を考える

| ? kg | 6kg |
| 1 m | 3 m |

□ × 3 = 6 …かけ算で立式… □ × 0.6 = 0.3

6 ÷ 3 = 2 …わり算で立式… 0.3 ÷ 0.6 = 0.5

| ? kg | 0.3 kg |
| 1 m | 0.6 m |

答え　2kg

答え　0.5kg

「かけ算・わり算 4 マス表」と「かけ・わり図」で むずかしい文章題の壁を突破しよう

かけ・わり図（かけ算・わり算の図）で量の大きさを！

4マス対応表はとても便利で立式もでき，答えも求められますが，$0.3 \div 0.6 = 0.5$ の量の関係がわかりにくいので，かけ・わり図をかきます。

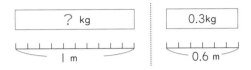

0.6 m で 0.3kg ですから，1 m では，0.3kg より重くなることがわかります。

かけ算・わり算 4 マス表で整理すると，3 つのパターンになる

① **かけ算**

1 m が 0.4 kg のはり金があります。

このはり金 0.5 m の重さは何 kg ですか。

0.4 kg	? kg
1 m	0.5 m

$0.4 \times 0.5 = 0.2$

答え　0.2 kg

② **1 m あたりの重さを求めるわり算**

0.5 m が 0.2 kg のはり金があります。

このはり金 1 m の重さは何 kg ですか。

? kg	0.2 kg
1 m	0.5 m

$\square \times 0.5 = 0.2$
$0.2 \div 0.5 = 0.4$

答え　0.4 kg

③ **はり金の長さ（いくら分）を求めるわり算**

1 m が 0.4 kg のはり金があります。

このはり金 0.2 kg の長さは何 m ですか。

0.4 kg	0.2 kg
1 m	? m

$0.4 \times \square = 0.2$
$0.2 \div 0.4 = 0.5$

答え　0.5 m

かけ算・わり算 4 マス表で整理すると，3 つのパターンになる

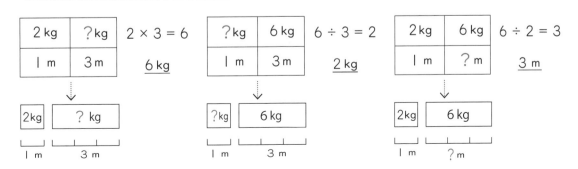

にらめっこ図で
「もとにする量」「倍」「比べられる量」の関係がよくわかる

昨日 4cm だったタケノコが，今日はその 3 倍になりました。タケノコは何cmになりましたか。

 この文章を図に表して答えを求めよう

＜にらめっこ図のかき方＞

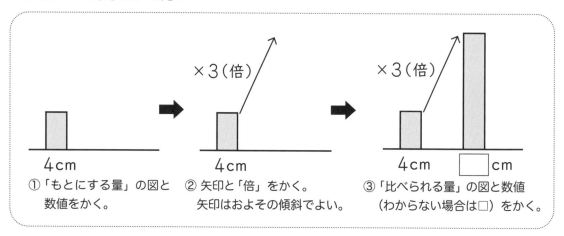

① 「もとにする量」の図と数値をかく。

② 矢印と「倍」をかく。矢印はおよその傾斜でよい。

③ 「比べられる量」の図と数値（わからない場合は□）をかく。

昨日のタケノコから今日のタケノコを見ると 3 倍

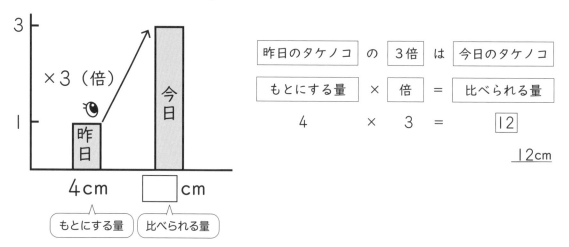

| 昨日のタケノコ | の | 3 倍 | は | 今日のタケノコ |

| もとにする量 | × | 倍 | = | 比べられる量 |
| 4 | × | 3 | = | 12 |

<u>12cm</u>

「にらめっこ図」の指導方法は、1991年に石原清貴氏によって考案されました。「もとにする量」と「比べられる量」が互いに「にらめっこ」しているのに例えて名付けられました。「もとにする量」「倍」「比べられる量」を「にらめっこ図」に表し、「もとにする量 × 倍＝比べられる量」から答えを導き出します。この図の良さは、「もとにする量」と「比べられる量」が高さで比較されるため、2つの量の大きさが一目でわかることです。

1 「比べられる量」を求める

問題 昨日5cmだったタケノコが今日はその3倍になりました。タケノコは何cmになりましたか。

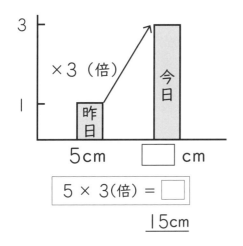

$$5 \times 3(倍) = \boxed{}$$

$$\underline{15cm}$$

2 「倍」を求める

問題 体重が2kgだった子犬が、半年後4kgになりました。体重は何倍になりましたか。

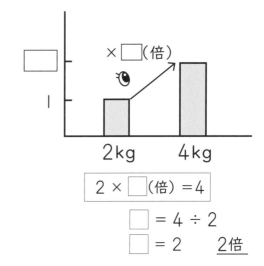

$$2 \times \boxed{}(倍) = 4$$

$$\boxed{} = 4 \div 2$$

$$\boxed{} = 2 \quad \underline{2倍}$$

3 「もとにする量」を求める

問題 ゆうとさんの体重は32kgで、弟の体重の4倍です。弟の体重は何kgですか。

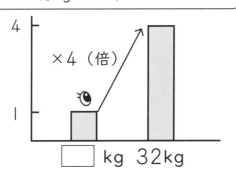

$$\boxed{} \times 4(倍) = 32$$

$$\boxed{} = 32 \div 4$$

$$\boxed{} = 8 \quad \underline{8kg}$$

1～**3**のどの問題も、

にらめっこ図のとおりに

もとにする量 × 倍＝比べられる量

の式にあてはめてから

計算しているよ。

平　均

◎ 学習にあたって ◎

＜この単元で大切にしたいこと＞

　「平均」については，テストの平均点など子どもたちも今までに言葉では聞いたことがあると思われますが，平均の求め方やいろいろな使い方については，この単元で初めて学びます。平均ではジュースの量やじゃがいもの重さなど，個体差のあるものをならして，どれも同じ大きさと考え，理想化してとらえるようにします。また，普段は小数で表すことのできない人数や本の冊数などの分離量でも，平均で考えるときは小数で表す場面もあることを指導します。

＜数学的見方考え方と操作活動＞

　平均水槽を使って，色水が自然に「ならされていく」場面を子どもに見せ，平均とは，「全体を等しくならす」ということを強く印象づけたいと思います。そして，まず，0をふくむ場合の平均，そして，男女それぞれの平均がわかっているところから，全体の平均を求める学習などを通して，平均はどんな場合も「合計÷個数」で求めることを確認します。

＜個別最適な学び・協働的な学びのために＞

　ミカン5個の重さを平均して20個のミカンの重さを予測することや，4回の測定値の平均をとってできるだけ正確な自分の歩幅を求める方法など，今後の生活場面で平均の考え方が活用できることを学びます。5年の「単位量あたりの大きさ」や6年の「比例」などの単元は，この「平均」の考え方を基に展開されていきます。「平均」は，高学年の量を考える学習全般の基礎となる単元です。

知識および技能	測定値の平均の意味と平均の求め方を理解し, 平均を求めることができる。
思考力, 判断力, 表現力等	平均の考え方で全体量を導き出すなど, 適切な数値を用いて身のまわりの事柄について考える。
主体的に学習に取り組む態度	平均を用いるよさに気づき, 生活や学習に生かそうとしている。

◎ 指導計画　6時間 ◎

時	題	目　標
1	平均の意味と求め方	平均の意味がわかり, 平均を計算で求められることが理解できる。
2	平均を求める	平均の求め方を活用して, 自分たちに関わりのあるものの平均を求めてみようとする。
3	いろいろな平均	平均では分離量も連続量のように小数で表すことや, 値が0の場合も個数の1つに含むなどの, 平均の求め方が理解できる。
4	平均から全体量を求める	平均を使って全体量を求めることができる。部分の平均から全体の平均を求めることができる。
5	自分の歩幅を求める	平均を使って, 自分の歩幅を求めることができる。
6	自分の歩幅で長さを測る	前時に求めた自分の歩幅を利用して, およその距離を求めることができる。

平均の意味と求め方

本時の目標　平均の意味がわかり，平均を計算で求められることが理解できる。

板書例

ならした大きさを求めよう

1

〈ブロックの高さをならそう〉

2

ジュースが３つのコップに110mL，150 m L，100mL 入ってます。どのコップも同じ量にするにはどうしたらよいでしょうか。

3

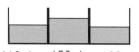
110mL　150mL　100mL

↓

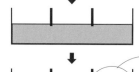

$$110+150+100$$
$$=360（mL）$$

↓

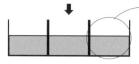

$$360÷3=120$$
$$\underline{120mL}$$

$$（110+150+100）÷3=120$$
合計　　　　　　　個数

※実際は平均水槽で操作する。

4こ

POINT　3分で作れる「平均水槽」の教具を使って「平均」のイメージをつくりましょう。

1　ブロックを同じ高さにならそう

T　ブロックが５個，２個，６個，３個と積まれています。どのブロックも同じ高さ（個数）になるように，ならしましょう。

　「ならす」とは「同じ大きさにする」意味であることを確認しておく。

多いところから少ないところに移動させて…

C　どれも４個ずつになったよ。
C　今回はうまくいったけど，もっと沢山の数でやろうとすると，同じようにできないな。

2　ジュースの量も同じようにならしてみよう

T　３つのコップにジュースがそれぞれ 110mL，150mL，100mL 入っています。どのコップのジュースも同じ量にするにはどうしたらいいですか。

　実物のジュース（色水）を提示する。

　３つに仕切られた入れ物（平均水槽）に，それぞれの量のジュースを入れ，この先の操作を予想させたい。

間の仕切りを取ったら３つの量が合わさるね

合わせた量を同じ量ずつ３つに分けたらいいのか

　平均水槽を使って３つに分かれていたジュースを合計し，それを均等に３つに分ける操作を見せ，平均のイメージを持たせたい。

4

まとめ

いくつかの数量を等しい大きさになるようにならしたものを 平均 といいます。

平均 = 合計 ÷ 個数

4つのコップにそれぞれ 75mL，65 ｍ L，60mL，80mL 入ってます。
平均は何 mL になりますか。

$$(75+65+60+80) \div 4 = 70$$

合計　　　　　　　　　個数

70mL

3 コップ1個分の量を求めて，求め方を説明しよう

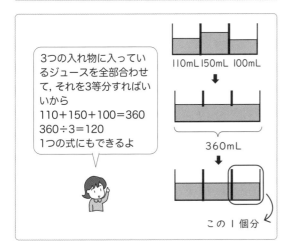

3つの入れ物に入っているジュースを全部合わせて，それを3等分すればいいから
110+150+100=360
360÷3=120
1つの式にもできるよ

110mL 150mL 100mL

360mL

この1個分

平均を求める式を平均水槽の操作に結びつけ，イメージできるようにする。

4 平均のまとめをし，練習をしよう

Ｔ　いくつかの数量を，等しい大きさになるようにならしたものを平均といいます。ここでは，この3個のジュースの量の平均は 120mL です。言葉の式で表すと，平均＝合計÷個数になります。

　　学習のまとめをする。

Ｔ　75mL，65mL，60mL，80mL の平均を求めましょう。

この場合は入れ物が4個だから合計÷4になります。

ふりかえりシートが活用できる。

平均を求める

板書例

自分たちに関係した平均を求めよう

1

〈平均の求め方〉

> 合計÷個数

〈平均が使われるところ〉

　テストの平均点
　平均気温
　身長の平均
　スポーツテストの記録の平均

2

〈平均身長を求めよう〉

[男子]

　　式　　2340 ÷ 15 ＝ 156
　　　　（合計）（人数）（平均）

　　　　156cm

[女子]

　　式　　2163 ÷ 14 ＝ 154.5
　　　　（合計）（人数）（平均）

　　　　154.5cm

POINT　平均を求めることに習熟しながら，平均値を求めて活用できる良さを感じることができるようにしましょう。

1　自分たちに関係する平均を求めてみよう

T　平均の求め方は，どうでしたか。
C　合計して，個数でわります。
T　平均は，身の回りのどんなところで使われていますか。

> テストの平均点というのを聞いたことがあるね

> 自分の身長や体重の記録をもらったときに，男女の全国平均が書いてあったよ

T　自分たちに関係する平均を求めてみましょう。
C　おもしろそうだね。

　個人の記録をそのまま使うことに支障がある場合は，架空の数値を使うことにする。

2　身長の平均を予想して調べよう

T　自分たちの身長の平均を，男女別に求めてみましょう。男女で平均はどのぐらいだと思いますか。
C　男子の方が高いと思うな。

　データの合計は，電卓を使うことにする。電卓の入力を確かめながらゆっくりと読み上げる。
　自分たちのデータを読み上げる場合は，順番を変えて誰のデータかわからないようにする。

> 男女で人数が違うから，わる数も違うね。

> 男子の平均は，156cmで全国平均よりも少しだけ高いことがわかったよ

| 準備物 | ・平均を求めるためのデータ
・電卓
QR ふりかえりシート | ICT | 子どもが平均の求め方について考えたことをノートにかいたものを写真撮影し、共有機能を使って全体共有すると、対話的に平均の求め方について学び合える。 | |

3

〈50m 走のタイムの平均〉

[A チーム]
　式　34.6 ÷ 4 = 8.65
　　　（合計）（人数）（平均）

　　　8.65 秒

[B チーム]
　式　34.8 ÷ 4 = 8.7
　　　（合計）（人数）（平均）

　　　8.7 秒

4

〈調べてみたい平均〉

・体重

・はばとびの記録

・ボール投げの記録

まとめ

> 平均と平均を比べたり、平均と平均する前のそれぞれの数を比べることもできます。

3　50m 走の平均を求めよう

T　50m 走の平均を、リレーのチーム別に調べてみましょう。

> たす数が小数になるから、気をつけてたし算をしよう
>
> 今度は、わる数は同じだね
>
> わり切れないから、小数第2位で四捨五入しよう

C　50m 走のタイムを平均したらそんなに変わらないね。

C　走る距離が1人 100m ずつと長いし、バトンの受け渡しを工夫すれば、勝てそうだね。

4　その他の数の平均を求めよう

T　その他に、求めてみたいと思う平均はありませんか。

> 体重の平均を知りたいな
>
> 幅跳びの平均を求めてみたい
>
> ボール投げの記録の平均を求めて、全国平均と比べてみたい

C　平均を求めると、平均と平均を比べたり、平均と個人の記録を比べたりすることができるね。

　　学習のまとめをする。

　　ふりかえりシートが活用できる。

板書例

いろいろな平均を求めてみよう

1
＜重さの平均＞

じゃがいも 4 個の重さの平均を求めましょう。
125g, 120g, 123g, 122g

平均 ＝ 合計 ÷ 個数

$(125+120+123+122)÷4=122.5$
　　　　合計　　　　　個数

122.5g

2
＜欠席した人数の平均＞

欠席者の人数 （5年1組）

曜日	月	火	水	木	金
人数（人）	4	1	3	2	1

$(4+1+3+2+1)÷5=2.2$
　　　合計　　　　　個数

2.2人

人数でも，平均の場合は小数で表して良い。

POINT 教科書と違って，本書では連続量の平均から入り，平均値が小数で表されることを経験し，次に分離量の平均へと進めて

---

1 じゃがいも4個の重さの平均を求めよう

平均を求めるには，「合計÷個数」だったね

平均は，123g くらいかな…

C　$(125 + 120 + 123 + 122) ÷ 4 = 122.5 (g)$
　平均が小数になったけどいいのかな。
C　重さだから，小数で表すことはあったよ。
C　四捨五入や切り捨てをして，122g や 123g にしてしまうと，平均ではなくなってしまうよ。

2 5年1組の欠席者の平均を求めよう

T　5 年 1 組では，1 日平均何人が欠席しているか求めましょう。

平均は，2.2 人でいいかな…

人間だから 2.2 人はあり得ないでしょう

C　重さは小数で表すことがあったけど，人間の 2.2 人は，体を切らないといけなくなるよ。
T　人数のように普通は小数で表さない量でも，平均を表すためには小数で表します。

3

欠席者の人数（5年2組）

曜日	月	火	水	木	金
人数（人）	1	2	2	0	3

$(1 + 2 + 2 + 0 + 3) \div 5 = 1.6$

合計　　　　　　個数

0人の曜日も個数とする。　　　1.6人

＜借りた本の冊数の1カ月平均＞

月	4	5	6	7	8
冊数（冊）	3	1	2	0	2

$(3 + 1 + 2 + 0 + 2) \div 5 = 1.6$

1.6冊

4 まとめ

・平均では、ふつう小数で表さないものも小数で表します。
・平均を求めるときは、0の場合も個数に入れて計算します。

いき、分離量でも平均が小数で表されることや項目に0を含む場合を学習します。

3 5年2組の欠席者の平均を求めよう

（1+2+2+3）÷ 4＝2
1日平均2人になったよ

（1+2+2+0+3）÷5＝1.6
1日平均1.6人になりました
あれ？どうして答えが違うんだろう

C　0のところは合計しないから、入れなくていいと思います。
C　木曜日は0人だけど、5日間の平均だから0を入れないといけないと思うよ。0人というのも1日の数として入れないと4日間の平均になってしまうよ。

4 学習のまとめをして、練習しよう

T　平均では0を含む場合も個数に入れて計算します。また、人数や冊数などふつう小数で表さないもの（分離量）も平均では小数で表します。

　　学習のまとめをする。

T　4月から8月までに借りた本の冊数の1カ月の平均を求めましょう。

月	4	5	6	7	8
冊数（冊）	3	1	2	0	2

$(3 + 1 + 2 + 0 + 2) \div 5 = 1.6$　　1.6冊

ふりかえりシートが活用できる。

平均を使って求めよう

1 箱にみかんが20個入っています。その中から5個取り出して重さをはかると 78g, 82g, 77g, 79g, 84g でした。

〈みかん20個の重さ〉

5個のみかんの平均の重さ
$(78+82+77+79+84)÷5=80 (g)$

20個の重さ

式　　80　×　20　=　1600

約1600g

〈全体の重さ3760gのときの個数〉

2

1あたり量	全体の量
80g	3760g
1個	?

いくつ分

式　　　$3760÷80=47$

式　$80×□=3760$
　　　　$□=3760÷80$
　　　　$□=47$　　　　約47個

まとめ　平均を使って全体の量や個数を予想できます。

POINT　平均を使うと全体の量を予想できるなど，日常生活で平均が活用できる良さを子どもたちに伝えましょう。

1 みかん20個の重さを求める方法を考えよう

問題文を提示する。

T　何がわかれば求めることができますか。

C　みかん1個の重さがわかれば求められます。

C　5個の重さはバラバラだよ。

T　どうすれば1個の重さが求められるでしょうか。

わかっている5個の重さから，1個あたりのおよその重さを求めたらいい。

5個のみかんの平均の重さを求めたらいいんだ

2 3760gのときのみかんの個数を求めよう

C　まずみかん1個の重さを求めよう。
　$(78+82+77+79+84)÷5=80$　80g

C　1個の重さ×個数で求められるから，1個の重さを80gとしたら，$80×20=1600$で約1600gです。

T　では，このみかんが3760gのとき，みかんは約何個あるでしょうか。

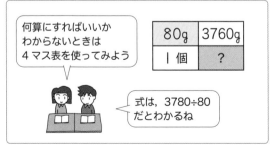

何算にすればいいかわからないときは4マス表を使ってみよう

80g	3760g
1個	?

式は，3780÷80だとわかるね

C　$80×□=3760$の式にあてはめて考えてもできるね。

学習のまとめをする。

準備物	QR ふりかえりシート QR 板書用表	I C T	スライド機能を活用して問題文を作って配信し、子どもがシートに考え方を記入して全体共有するようにすると、対話的に課題解決に迫っていくことができる。

3 **< 1組全体の平均冊数を求めよう >**

1組の男女別借りた本の平均冊数

	人数（人）	1人平均冊数（冊）	合計冊数(冊)
男子	12	15	180
女子	18	20	360
合計	30	□	540

4

$15 × 12 = 180$

$20 × 18 = 360$

※はじめは □ 部分のみ板書する。

まちがい　$(15 + 20) ÷ 2 = 17.5$　17.5冊

合計　個数　平均

$180 ÷ 12 = 15$

$360 ÷ 18 = 20$

1組全体の平均　　1組全体の合計冊数を男女合わせた人数でわる

合計　個数　平均

$540 ÷ 30 = 18$

式　$(15 × 12 + 20 × 18) ÷ 30 = 18$

18冊

---

3 部分の平均から全体の平均を求める方法を考えよう

問題の表を提示する。

T　この表は，1組の男子と女子がそれぞれが借りた本の平均冊数を表したものです。この表から1組全体の平均冊数を求める方法を考えましょう。

> 男子と女子を合わせた平均だから，15冊と20冊を足して2でわればいいな

> 男子は12人，女子は18人の平均だから，その平均を合わせて2でわっていいのかな

男子と女子の平均をたして2でわる考え方は必ず出てくる。平均は「合計÷個数」で求められることにもう一度立ち返り，それぞれの平均から男子，女子合わせた全体の合計冊数（全体の量）を求める。

4 1組全体の冊数と人数を求めることから始めよう

C　全体の平均を求めるときも，「全体の冊数÷人数」とするんだね。

> 「個数」は人数だから，男子と女子の合計人数で30だね

	人数（人）	1人平均冊数（冊）	合計冊数(冊)
男子	12	15	180
女子	18	20	360
合計	30	□	540

> 「合計」は男子と女子が読んだ合計冊数だから，180 + 360 で540です

C　1つの式にすると$(15 × 12 + 20 × 18) ÷ 30 = 18$
C　1組全体の平均冊数は18冊です。

部分の平均どうしの平均をとっても必ずしも全体の平均にならないこと，平均は対象の合計と個数から求めることをおさえておく。

ふりかえりシートが活用できる。

自分の歩幅を求める

板書例

自分の歩はばを求めよう（平均の考え方を使って）

1　〈10 歩の平均を求めよう〉

① 10 歩歩いた長さを 4 回はかる

	1回目	2回目	3回目	4回目
10歩の長さ	6m25cm	6m36cm	6m18cm	6m29cm

2　② 4回の平均を求める

式　　$(6.25 + 6.36 + 6.18 + 6.29) \div 4 = 6.27$　　　約6.27m

3　〈1 歩の長さを求めよう〉

③ 1歩の歩はばを求める

式　　$6.27 \div 10 = 0.627$　　　上から2けたの概数にする

約0.63m

POINT　歩幅を求めて，それを使って長さを測ることを一度にするのではなく，考えの道筋が分かるように丁寧に進めましょう。

1 自分の歩幅がどれくらいか調べてみよう

C　1mぐらいだと思います。

T　1歩がどれくらいか，ちょっと歩いて調べてみましょう。

C　歩くたびに，少しずつ違います。

T　少し違うけどだいたい同じですね。自分のだいたいの歩幅はどうすれば求められるかな。

こんなときに，平均を使えば，どれくらいわかると思うな

そうだね　何回か歩いてみて，その平均にすればいいね

2 10歩の平均を求めよう

T　1歩の長さを求めるために，まずは10歩歩いて長さを測りましょう。それも，1回だけでは，はっきりわからないので，4回調べてその平均を出しましょう。

　巻尺を床に直線にして置く。ペアになって調べる。
　1人がスタートの線から10歩歩き，もう1人が10歩のところの目盛りを読み，記録する。

T　4回の平均を求めましょう。

$(6.25 + 6.36 + 6.18 + 6.29) \div 4 = 6.27$
4回の平均は，6.27m だね

1回，1回の10歩の長さは少しずつ違うけど，平均を出せば，だいたいこのぐらいだと言えるようになるね

まとめ
① 実際に測定(そくてい)して10歩の長さを4回測(はか)る。
② 10歩の長さの平均を求める。
③ 10歩の長さの平均から1歩の長さを求める。

4 〈自分の1歩の長さを使ってきょりを求めよう〉

50歩のきょり

式　0.63×50＝31.5　上から2けたの概数にする

約32m

実際に測ってみると，計算したきょりとほぼ同じになる。

本時は，歩幅を求めることを中心に1時間扱いとし，次時の学習に繋ぎます。

3 10歩の平均から1歩の長さを求めよう

T 10歩の平均から，1歩の長さを求めます。どうすれば1歩の長さになりますか。

C 10でわればいいです。

T 自分の1歩の長さを求めましょう。答えは上から2けたの概数で表しましょう。

6.27÷10 = 0.627
わたしの1歩は
約0.63mです。

5.96÷10 = 0.596
ぼくの1歩は
約0.6mです。

C 平均を使えば，自分の1歩は約何mか，求めることができたね。

学習のまとめをする。

4 あなたが50歩歩いたら約何mか求めてみよう

C 自分の1歩の長さに50をかければいいですね。

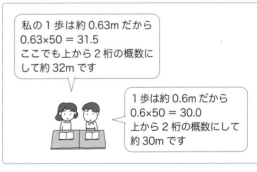

私の1歩は約0.63mだから
0.63×50 = 31.5
ここでも上から2桁の概数にして約32mです

1歩は約0.6mだから
0.6×50 = 30.0
上から2桁の概数にして
約30mです

　試しに，誰かの50歩の距離を巻尺で測り，計算の結果と比べてみる。自分の歩幅と歩数でだいたいの距離を測ることができることをおさえておく。

　次時には自分の歩幅で長さを測る活動をすることを伝える。

　ふりかえりシートが活用できる。

板書例

自分の歩幅できょりを測ろう

 1

〈 通路のきょり 〉

歩幅 0.62m

歩数　83歩

$$0.62 × 83 = 51.46$$

上から2けたのがい数に

約 51m

2

〈 ろう下Aのきょり 〉

歩幅 0.62m で 47 歩の場合

$$0.62 × 47 = 29.14$$

約 29m

歩幅 0.61m で 48 歩の場合

$$0.61 × 48 = 29.89$$

約 30m

POINT 前時と合わせて，自分の歩幅を使って長さを求める体験ができるようにしましょう。生活の中で活用できる算数です。

1 歩幅0.62mのAさんが83歩歩いた距離は約何mか求めよう

T　通路をAさんが歩いて調べたら，83歩でした。○さんの歩幅は約0.62mです。通路の距離は約何mですか。

かけ算の式になるね
1歩の長さ × 歩数

0.62×83 = 51.46
上から2けたの概数にするから，約51mだね

T　この調子で，今度はみんなが一人ひとり，実際に歩いて，いろんな長さを求めてみましょう。

2 廊下Aをみんなで調べてみよう

T　廊下Aを歩いてみて，距離を求めてみましょう。

一人ひとりが歩いてくる活動の時間をとる。
歩数を調べてきた人から，計算で距離を求めるようにする。

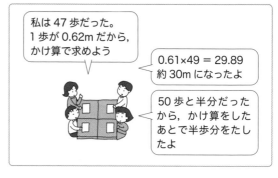

私は47歩だった。
1歩が0.62mだから，かけ算で求めよう

0.61×49 = 29.89
約30mになったよ

50歩と半分だったから，かけ算をしたあとで半歩分をたしたよ

T　皆さんが求めた距離を発表しましょう。

この後の学習はペアになっての自由活動になるので，全員が学習内容を理解できているように支援する。

準備物　QR 記録シート　QR ふりかえりシート

ICT　表計算機能を使って各場所と移動に要した歩数を整理する表を作成して配信すると、子どもたちは自分で記録を整理でき、凡その距離を計算しやすくなる。

---

3 〈いろんなところのきょりを歩幅で測ってみよう〉

・ペアで活動する。
・記録シートに記入する。
・その場所で計算をして長さを求める。
・〇時〇分になったら，作業の途中でも教室へ帰る。

4 〈調べたきょりを交流しよう〉

㋑　体育館横のきょり（32歩）

$$0.63 × 32 = 20.16$$

約20m　→　実際のきょり21.4m

〈学習の感想 〉

㋑　歩幅と歩数でおよその長さを求めることができるので便利だと思った。
学校から家までの歩数を調べて，道のりを調べてみたいと思った。

---

3 いろんなところの距離を歩幅で測ってみよう

Ｔ　校内を実際に歩いて歩数を調べ，距離を求めてみましょう。

あらかじめ校内でいくつかの場所を決め，記録シートを準備しておくとスムーズに安全に活動できる。

記録シートが活用できる。

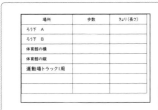

場所	歩数	きょり（長さ）
ろうか A		
ろうか B		
体育館の横		
体育館の縦		
運動場トラック1周		

計算して求めた距離が，2人でずいぶん違うときは，もう一度調べてみたらいいね

4 調べた結果を交流し，感想を書こう

Ｔ　皆さんが調べた結果を発表しましょう。

体育館横の距離は，
0.63×32 = 20.16　約 20m です

体育館横の実際の距離は，
約 21.4m です

オーッ

前もって教師がそれぞれの場所の実際の距離（長さ）を調べておき，計算で出した距離と比べてみると盛り上がる。

学習の感想を書く。

ふりかえりシートが活用できる。

単位量あたりの大きさ

◎ 学習にあたって ◎

<この単元で大切にしたいこと>

「Aさんの 6a の畑からはイモが 1500kg とれ，B さんの 4a の畑からはイモが 1200kg とれました。どちらの畑がよくとれたといえますか。」今までであれば，1500kg のイモがとれた A さんが正解だったのですが，広さという量を考えると，一概に決めることができなくなります。質的なとれ具合を比べないと，「良くとれた」とは言えないからです。そして，質的なとれ具合を表すために 1a あたりの取れ高を表すことになります。今までは，長さ・かさ・広さ・時間・重さ・角などの量そのものの大きさ【外延量】で表していましたが，この単元の学習では，そのものの「質や性能・価値」を 2 つの異なった量の商で表します。これを【内包量】ともいいます。

ちなみに，A さんの 6a の畑のすべての場所で同じ量のイモが等しくとれるわけではありませんが，ここではすべての場所で同じようにとれるとみなして考えます。これは，平均の考え方が基礎になります。人口密度や燃費など，すべて均質ではないものを均質化して考え，処理していることも理解しておかなければなりません。現実の生活の中では，完全に均質な物はほとんどありませんが，高学年の算数では均質と見なして扱うことによって，新しい発見が生まれます。子どもたちには，この新たな算数の世界を感じてほしいと思います。

<数学的見方考え方と操作活動>

分離量を扱っている場面では，乗除の演算決定は比較的簡単ですが，連続量になると乗除の演算決定から難しく，さらにわり算とわかっても，どちらからどちらをわるのかで迷ってしまいます。そこで，演算決定の手立てとして，4 マス表（4 マス対応表）を使います。4 マス表は今まで学習してきた乗除の考え方をそのまま生かすことができます。また，本単元の教科書の内容をみると，単位量あたりの大きさを求めるだけになっているものがあります。本書では，それだけでは不十分と考え，単位量あたりの大きさから，全体量やいくら分を求める内容も含めて学習するようにします。その際にも演算決定の際に，4 マス表は大きな役割を持つことになります。

<個別最適な学び・協働的な学びのために>

高学年になると算数でのつまずきが多くなり，算数嫌いが増えてきます。ですから，導入ではそうならないように子どもたちが操作し，楽しくてわかりやすい学習場面を設定したいものです。素材としては，体感しやすく目に見える 2 量（マットに乗っている人数）の場面での，「混み具合」による導入が適していると思われます。「混んでいる」「すいている」という感覚的なとらえ方から，除法で数値化することによって，客観的なとらえ方に高めていくことが，この単元での目標にもなります。算数を数字だけに閉じ込めないで，実生活の中に算数で考えられる場面があることも知り，算数を学習する意義も感じ取れるようにします。

知識および 技能	異なる2種類の量で表された場面を「単位量あたりの大きさ」で表す意味がわかり,「単位量あたりの大きさ」の考え方を用いて比較することができる。
思考力, 判断力, 表現力等	異なる2種類の量で表された場面を「単位量あたりの大きさ」で比べ, 表す方法を考える。
主体的に学習に 取り組む態度	異なる2種類の量で表された場面の比べ方や表し方を知り, 用いようとする。

◎ 指導計画 7 時間 ◎

時	題	目　標
1	混み具合を比べる①	マットの数や人数が異なる場合の混み具合の比べ方を理解し, 比べることができる。
2	混み具合を比べる②	「単位量あたり」の考え方を用いて, 混み具合を比べることができる。
3	人口密度①（市町村）	人口密度の意味を知り, 人口密度を求めることができる。
4	人口密度②（都道府県）	都道府県別の人口密度を求めることができ, 理解を深められる。
5	収穫度	「単位量あたりの大きさ」の考え方を用いて, とれ具合（収穫度）を求めることができる。また, 1あたり量のとれ高から全体のとれ高を求めることもできる。
6	単価	「単位量あたりの大きさ」の考え方を用いて, 単価を求めて比べることができる。また, 単価から全体の代金を求めることもできる。
7	燃費	「単位量あたりの大きさ」の考え方を用いて, 燃費を求めて比べることができる。また, 燃費から決められた距離を走るために必要なガソリンの量を求めることもできる。
発展	密度	「単位量あたりの大きさ」の考え方を用いて, 密度の意味がわかり, 「全体の重さ÷体積」で密度が求められることを理解する。

板書例

マットの混み具合を比べよう

1 〈混んでいる〉

・お祭り　・野球場
・通勤電車

どのマットが混んでいるか

	マットの数（まい）	人数（人）
ア	2	8
イ	2	10
ウ	3	10

2 〈アとイを比べる〉

・マットのまい数が同じ
・人数が多い方が混んでいる

　　イの方が混んでいる。

〈イとウを比べる〉

・人数が同じ
・マットのまい数が少ない方
　が混んでいる

　　イの方が混んでいる。

(POINT) 混み具合が比べられる図を使うと，「マット1枚あたりの人数」で比べる良さが分かります。

1 「混んでいる」状態を日常生活から考えよう

T　みんなは，生活の中で『混んでいる』という体験をしたことがありますか。

C　お祭りの人混みがすごくて前が見えませんでした。

C　野球観戦に行ったときすごい人でした。

　日常の体験から「混んでいる」を見つけさせ，「混んでいる」とは，たくさんの人がいて窮屈な感じということを実感させたい。

通勤ラッシュの電車は人でいっぱいだね。

2 マットの枚数と人数を見て比べてみよう

T　ア～ウのマットにそれぞれ子どもがのっています。どのマットがいちばん混んでいるでしょうか。まず，アとイを比べてみましょう。

どちらもマットの枚数は2枚で同じだよ

マットの枚数は同じだから，人数が多いイのマットの方が混んでいます

次に，人数が同じイとウを比べる。

T　人数が同じ場合，マットの枚数が多い方，少ない方，どちらの方が混んでいるといえますか。

C　マットの数が少ない方が混んでいます。

C　枚数と人数どちらかが同じだと，揃っていない方を見て比べることができる。

3 〈アとウを比べる〉

Aさんの考え
1まいあたりの人数で比べる
ア 8 ÷ 2 = 4（人）
ウ 10 ÷ 3 = 3.33…（人）

Bさんの考え
1人分の広さで比べる
ア 2 ÷ 8 = 0.25（まい）
ウ 3 ÷ 10 = 0.3（まい）

Cさんの考え
マットのまい数を6まいにそろえる
ア 2 × 3 = 6（まい）
　　8 × 3 = 24（人）
ウ 3 × 2 = 6（まい）
　　10 × 2 = 20（人）

4 〈図に表してみよう〉

ア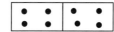

イ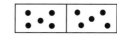
10 ÷ 2 = 5

ウ

まとめ

> 混み具合を比べるときは，1まいあたりの平均の人数で比べます。

---

3 アとウはどうやって比べたらいいか考えよう

Aさん
1枚に何人のっているかで考えました。
アは，8÷2 = 4 で1枚のマットに4人ずつ
ウは，10÷3 = 3.33…で1枚に約3人ずつ

Bさん
1人分の広さで考えました。
アは，2÷8 = 0.25 1人分の広さは0.25枚
ウは，3÷10 = 0.3 1人分の広さは0.3枚

Cさん
マットの枚数を6枚に揃えて考えました。
アは，2枚→6枚で3倍の人がのれるので
8×3 = 24　24人
ウは，3枚→6枚で2倍の人がのれるので
10×2 = 20　20人

C　どの考え方でもアの方が混んでいるね。どの考え方がいちばんわかりやすいのかな。

4 Aさんの考え方を図に表してみよう

アは8人を2枚のマットにのせよう

バラバラではなく平均してのせないと混み具合がわからないね

C　イは1枚に5人ずつだから，イがいちばん混んでいるのがわかります。

C　ウは，1人がうまくのせられないけど，これは平均のときのように，人数を小数で表してもいいね。

C　図のように，1枚のマットにのっている人数で比べると混み具合がよくわかるね。混んでいる順に並べると，イ，ア，ウです。

ふりかえりシートが活用できる。

板書例

花だんの混み具合を比べよう

1 花だんの広さとかぶの個数

	広さ(㎡)	個数(個)
ア	6	54
イ	3	24
ウ	5	60
エ	9	135

〈予想〉

・エがいちばん広い→ゆったり？

　イがいちばんせまい→混んでいる？

・広さだけでは混み具合はわからない

2 ＜1㎡あたりの個数で比べる＞

3 ア

□個	54個
1 m²	6 m²

$$54 \div 6 = 9$$

<u>1 m² に 9 個</u>

イ

□個	24個
1 m²	3m²

$$24 \div 3 = 8$$

<u>1 m² に 8 個</u>

POINT　4マス表を使うと「1m²あたりの株の個数」の求め方がすぐにわかります。かけ算かわり算か，どちらを先に書けばいい

1 ア～エの4つの花だんで混んでいる順番を予想しよう

C　エの花壇は9㎡といちばん広いから，ゆったりしていて，イは3㎡しかないから混んでいそうです。

C　でも，混み具合は「広さ」だけで比べることはできなかったよ。「広さ」と「個数」の2つで比べないとわからないよ。

2 どうすれば，花壇の混み具合が比べられるか考えよう

C　前の時間に混み具合の図をかいたらわかりやすかったけど，個数が多くなるから大変だな。

C　広さを揃える考えもあったけど，6㎡，3㎡，5㎡，9㎡を揃えるのは大変そうだよ。

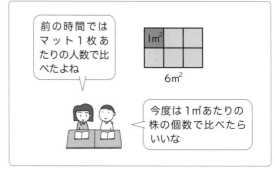

ウ

□個	60個
1m²	5m²

$$60 \div 5 = 12$$

<u>1m² に 12 個</u>

エ

□個	135個
1m²	9m²

$$135 \div 9 = 15$$

<u>1m² に 15 個</u>

〈混んでいる順番〉

エ → ウ → ア → イ

4

まとめ

混み具合を調べるとき
<u>1㎡あたりの平均の個数や1枚あたりの平均</u>
<u>の人数</u>で比べます。この大きさを
「単位量あたりの大きさ」といいます。

のかを4マス表で判断できるようにしましょう。

3 1m²あたりの個数の求め方を考えよう

T 4マス表に整理してみましょう。

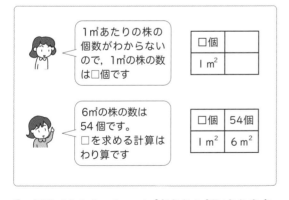

	1㎡あたりの株の個数がわからないので，1㎡の株の数は□個です		□個	
			1m²	

	6㎡の株の数は54個です。□を求める計算はわり算です		□個	54個
			1m²	6m²

C アは，54 ÷ 6 = 9　　1㎡あたり9個になります。

　イ～エも4マス表にまとめ，1㎡あたりの株の個数を求める。

4 学習のまとめをしよう

T 混み具合は，1㎡あたりの平均の個数や1枚あたりの平均の人数を調べたりして比べます。このようにして表した大きさを『単位量あたりの大きさ』といいます。

　学習のまとめをする。

　「1株あたりの広さ」や「1人あたりの広さ」など，「そのものがどれだけ広さ（空間）を持っているか」で混み具合を比べることも勿論できます。ただし，混んでいるほど解答の数値が大きくなる，「決まった広さ（空間）にどれだけそのものがあるか」で比べる方が自然でわかりやすいため，一般的にこちらの考え方を使います。

　ふりかえりシートが活用できる。

人口密度①（市町村）

板書例

市の混み具合を調べよう

① 〈東京都と北京市〉（2022年）

1km² あたりの人口で比べよう

	人口（万人）	面積（km²）
東京都	1404	2194
北京市	2184	16410

②

東京都

□人	1404万人
1km²	2194km²

14040000 ÷ 2194　= 6399.2 …

四捨五入をして整数で表す　約 6399 人

北京市

□人	2184万人
1km²	16410km²

21840000 ÷ 16410 ＝ 1330.8 …

約 1331 人

POINT 東京や北京に限らず，子どもたちが関心をもって取り組めるような市町村を選んでみましょう。

1 東京都と北京市を比べてみよう

問題文を提示する。

T　東京も北京も国の首都ですが，どちらの方が人口が多いと思いますか。

C　表を見ると，人口が多いのは北京だね。中国は世界でいちばん人口が多い国だからね。

C　では，どちらの方が人口が密集しているでしょう。

C　密集？…混んでいるということだよね。

C　混み具合だから，人口だけではわからない。

前の時間に，1㎡あたりや1枚あたりの数で求めたから，面積がわかれば比べられるかな

どちらも1㎢あたりの人口を求めて比べたらいいだろう

2 4マス表に整理して人口密度を求めよう

T　住んでいる人の混み具合は，ふつう 1km² あたりの人口で表し，これを『人口密度』といいます。

計算は電卓を使ってもよいことにする。

1km² あたりの人口がわからないので□人，2194km² に 1404 万人と書いたらいいね

□人	1404万人
1km²	2194km²

計算は，14040000 ÷ 2194 になるよ

T　人口密度は『人口÷面積』で求められます。

C　東京都は，約 6399 人で，北京市は，約 1330 人。

C　東京都の方が人口密度が高いです。

　1km² あたりの人口が多いほど，人口密度が「高い」という表し方をすることも，あわせて教えておく。

3 〈人口密度がいちばん高い市〉

蕨（わらび）市

	人口（人）	面積（km²）
蕨	73916	5.11

（2022年10月1日調べ）

$$73916 \div 5.11 = 14464.97 \cdots$$

約 14465 人

4 〈人口密度がいちばん低い市〉

夕張（ゆうばり）市

	人口（人）	面積（km²）
夕張	6586	763.07

（2022年10月1日調べ）

$$6586 \div 763.07 = 8.63 \cdots$$

約 9 人

〈自分の市の人口密度〉

まとめ

> 人口密度
> 1km²あたりの人口
> 人口÷面積

---

3 人口密度のいちばん高い市を調べてみよう

T 日本で人口密度がいちばん高い市はどこか知っていますか。

C 東京都にあるのかな？

T 蕨（わらび）市です。地図帳を開けて調べてみましょう。

> 蕨市の人口は73916人 面積は5.11km²だよ 4マス表にまとめよう

□人	73916人
1km²	5.11km²

> 73916÷5.11＝14464.97・・・
> 1km² あたり 約14465人だね

C 蕨市は，日本の市の中で面積がいちばん狭い市だからね。

4 人口密度のいちばん低い市を調べてみよう

T 北海道の夕張市です。

> 夕張市の人口は6586人 面積は763.07km²だよ 4マス表にまとめよう

□人	6586人
1km²	763.07km²

> 6586÷763.07＝8.63・・・
> 1km² あたり 約9人だね

T 自分たちの住んでいる市町村の人口密度はどの位だと思いますか。調べてみましょう。

全国の市 人口・面積・人口密度ランキング参照

学習のまとめをする。

ふりかえりシートが活用できる。

人口密度②（都道府県）

板書例

都道府県別の人口密度を調べよう

1 地図に●をうつ
人口50万人で1個ずつ

2 人口密度を求める

〈例〉

京都府の場合
256万人÷50万人＝5.12
小数第1位を四捨五入して●5個

奈良県の場合
133万人÷50万人＝2.66
小数第1位を四捨五入して●3個

〈例〉

京都府の場合
2560000(人)÷4612(km²)＝555.07・・(人)
小数第1位を四捨五入して
1km²あたり約555人

奈良県の場合
1330000(人)÷3691(km²)＝360.3・・(人)
小数第1位を四捨五入して
1km²あたり約360人

POINT 日本地図に50万人を1個の●にして表すと，人口密度を視覚化することができるようになり，人口密度を実感を伴って

1 都道府県の地図に人口を●で表してみよう

　都道府県別の人口・面積表と日本地図を活用する。
グループごとに北海道と四国・東北・北陸と東海・関東・近畿・中国，九州と沖縄の7地域に分かれて作業する。

T　日本地図に都道府県の人口を点で表していきましょう。1つの点を50万人として，できるだけ均等に記していきます。

京都府の人口は256万人だから，点は5個だね

大阪府の人口は884万人だから，50万でわると17.68点は18個にしたらいいね

奈良の人口は133万人だから，50万でわると2.66点は3個にしよう

　点の数は，人口÷50（万人略）で小数第1位を四捨五入する。
　点は，大きさが統一できるように，シールかスタンプを活用してもよい。

2 都道府県の人口密度を求めよう

　学習活動1と同じ地域の人口密度をグループで求める。

T　人口密度はどのようにして求めますか。
C　人口÷面積　です。
T　京都の場合だったら，このようにして求めましょう。
　2560000人÷4612km²＝555.07・・・
　小数第1位を四捨五入して約555人（1km²あたり）
　とします。

兵庫県だと
5470000÷8401＝651.1
約651人だね

奈良県だと
1330000÷3691＝360.3
約360人だね

グループで分担して作業する。
計算は，電卓を活用する。

| 準備物 | QR 都道府県別人口と面積データ
QR 白地図　QR 板書用地図
・電卓・シール，スタンプ
QR ふりかえりシート | ICT | 都道府県別人口と面積データを配信すると，子どもは自分が興味をもった都道府県の人口密度を進んで何度も計算によって求めることができ，意欲が高まる。 | |

3 調べたことを発表しよう

4 まとめ

気がついたこと

近畿地方

人口密度（1km² あたり）

滋賀県　141 万 ÷ 4017
　　　　約 351 人

京都府　256 万 ÷ 4612
　　　　約 555 人

大阪府　844 万 ÷ 1905
　　　　約 4430 人

兵庫県　547 万 ÷ 8401
　　　　約 651 人

奈良県　133 万 ÷ 3691
　　　　約 360 人

和歌山県　92 万 ÷ 4725
　　　　約 195 人

●の混み具合と計算で求めた人口密度は同じような傾向になっている。

北海道は面積が広いから，人口密度を求めると低くなる。

東京周辺は，人口が密集していることがわかる。

理解できるようになります。

---

3 ●をつけた地図と人口密度を発表しよう

各グループで作業した地域別日本地図と，人口密度を求める式と答えを全員が見えるように表示する。

 大阪府に●をうつと，隙間がなくなるぐらいになりました
人口密度を求めると約 4430 人
（1km² あたり）と高くなりました

和歌山県の●は 2 個で，隙間が多く見えます。
人口密度は約 195 人（1km² あたり）と隣の大阪とずいぶん違います

●を記した地図と，求めた人口密度を合わせて発表する。できるだけ図と関連させて発表することで，人口密度を視覚的にも捉えられるようにしたい。

47 都道府県全てを発表することはできないので，分担した地域の特徴的なところを選んで行う。

4 発表を聞いて気がついたことを話し合おう

北海道は人口も多いけど面積が広いから，●のゆとりがまだまだあって，人口密度もいちばん低いです

東京や神奈川，埼玉あたりは，●が密集して重なるぐらいで，人口密度もすごく高いです

C　●で表した混み具合が混んでいるほど，計算で求めた人口密度も高いので面白いと思いました。

C　人口の多さや少なさだけでなく，面積との関係もあるから，人口密度を求めないと本当の混み具合はわからないと思いました。

ふりかえりシートが活用できる。

収穫度

板書例

いものとれ具合を比べよう

1 〈AとBでは，どちらの畑の方がいもがよくとれたかな〉

	面積(a)	とれた重さ(kg)
Aさん	6	1500
Bさん	4	1200

比べ方
・1aあたりのとれた重さで比べる

2

A

単位量あたりの大きさ	全部の大きさ
□kg	1500kg
1a	6a

式　1500 ÷ 6 = 250　1aあたり
250kg

B

□kg	1200kg
1a	4a

式　1200 ÷ 4 = 300
300kg

Bさんの畑の方がよくとれた。

POINT　単位量あたりの大きさを求めるだけでなく，全部の大きさを求める問題も入れています。4マス表を使って立式できるよ

---

1 どちらの畑の方がよくとれたか，解決の道筋を考えよう

T　表を見て考えましょう。

C　Aさんの畑の方が芋の収穫量は多いよ。

C　確かに量は多いけど，畑の面積が違うから，Aさんの方が『よくとれた』と言えるのかなぁ。

T　このように，量も面積も違うときには，どうやって比べれば良かったですか。

どちらか一方をそろえればよかったよ

1㎡あたりの時と同じように，1aあたりのイモの量で比べたらどうかな

2 1aあたりの芋の量で比べよう

T　1aあたりの量を求める式はどうなりますか。

C　4マス表にかいてみたらわかります。

A

□kg	1500kg
1a	6a

1500 ÷ 6

B

□kg	1200kg
1a	4a

1200 ÷ 4

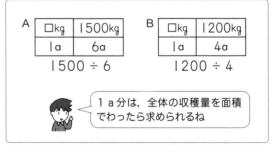

1a分は，全体の収穫量を面積でわったら求められるね

C　Aさんは，1500 ÷ 6 = 250　1aあたり250kg

C　Bさんは，1200 ÷ 4 = 300　1aあたり300kg

C　1aあたりの量で比べると，Bさんの畑の方がよくとれたといえます。

学習のまとめをする。

ICT　表計算機能を使って問題を表に表して配信すると、子どもは学習課題を手元で把握できる。数値や事例を変えて提示することもでき、反復練習に有効である。

3 〈畑全体のとれ高を求めよう〉

> 1aあたり280kgのいもがとれる畑が5aあります。
> 5aからとれるいもは何kgですか。

 4

式　　$280 × 5 = 1400$

<u>　　　　　　　　　1400kg</u>

まとめ

・とれ具合を比べるときは，単位あたりの広さでとれた量で比べる。これを収穫度(しゅうかくど)ともいいます。
・4マス表に整理すると，式をたてる手がかりになります。

うにしましょう。

3 畑全体でとれる芋は何kgか求めよう

T　1aあたり280kgの芋がとれる畑が5aあります。全部で何kgの芋がとれますか。

C　1aあたりの量はわかっているんだね。

T　式はどうなりますか。ここでも4マス表に整理してみましょう。

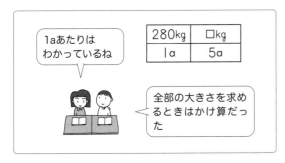

4 学習のまとめをしよう

C　$280 × 5 = 1400$

C　とれるイモの量は全部で1400kgです。

C　4マス表がかければ，1あたりの量だけでなく，全部の大きさを求める式も書くことができるね。

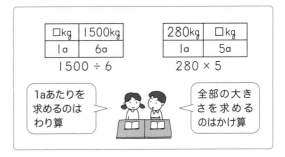

学習のまとめをする。

ふりかえりシートが活用できる。

本時の目標　「単位量あたりの大きさ」の考え方を用いて，単価を求めて比べることができる。また，単価から全体の代金を求めることもできる。

板書例

どちらがお得か考えよう

1

	さっ数(さつ)	ねだん(円)
A店	12	1260
B店	8	880

比べ方
・1さつあたりのねだんで比べる

2　A店

〔1さつあたり〕

式　　1260 ÷ 12 = 105

□円	1260円
1さつ	12さつ

1さつあたり 105 円

B店

〔1さつあたり〕

式　　880 ÷ 8 = 110

□円	880円
1さつ	8さつ

1さつあたり 110 円

A店の方がお得（安い）

POINT　「単位量あたり」の学習は生活と密接に関係があり，普段の生活をふりかえることができます。中でも本時の単価の学習は，

1 どちらがお得か，解決の道筋を考えよう

T　A店でノート12冊を1260円で売っています。B店では同じノートを8冊880円で売っています。どちらの店の方がお得といえますか。

C　値段だけを見たら，B店の方が安いけど，冊数が違うから，それだけでは比べられないね。

こういうときは，1あたりの数で比べればいいね

だとしたら，この場合は1冊あたりの値段を求めて比べよう

2 1冊あたりの値段で比べよう

C　1冊あたりを求める式は，わり算だと思います。
C　A店だと，1260 ÷ 12 = 105
T　本当にそうですか？
C　4マス表に整理してみよう。

□円	1260円
1冊	12冊

やっぱりわり算で間違いないね。

A店 1260÷12 = 105　1さつ 105 円
B店　880÷8 = 110　　1さつ 110 円
A店の方が安いのでA店の方がお得です

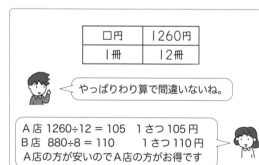

3 〈代金を求めよう〉

| 1さつあたり 105 円のノートを 20 さつ買います。代金はいくらになりますか。 |

式　　105 × 20 = 2100

　　　　　　2100 円

105円	□円
1さつ	20さつ

まとめ　| 1さつや1本，1gなど，単位量あたりのねだんを単価といいます。 |

4 〈生活の中にある単価〉

・買い物に行くときに，チラシなどでどちらが安いか調べている。

・大箱，小箱でおかし1個のねだんがちがうことがある。

子どもにとっても関心の高い内容です。身近な素材があれば，それを課題にしましょう。

3 **A店で20冊ノートを買うと代金はいくらになるか求めよう**

C　1冊あたりの値段がわかっていて，20冊分の代金を求めるから，これはかけ算を使うよ。

C　4マス表にすれば，間違いなくわかるよ。

105円	□円
1冊	20冊

 ほらね，20冊分の代金は1冊あたりの値段×冊数の式になるよ。105×20 = 2100　　2100円だね

　　前時と本時には，「単位量あたり」を求めるだけでなく，「単位量あたり」をもとにして，全体の量を求める学習内容も含めている。その方が，量の関係をより深く考えて学習が行える。

4 **暮らしの中で，単価で比べる場面を見つけよう**

T　本時で学習した1冊あたりの値段のことを「単価」といいます。「単価」を考えている場面を見たことはありませんか。

C　別々の店のチラシにある商品と値段を見比べて，家の人が「こちらが安い」と言っていたのは，単価を考えていたのだと思います。

 同じお菓子なのに，大箱と小箱ではお菓子1個あたりの値段が違っていることがあります

 これから，買い物をするときは，単価について考えてみよう

ふりかえりシートが活用できる。

第 **7** 時

燃 費

本時の目標：「単位量あたりの大きさ」の考え方を用いて，燃費を求めて比べることができる。また，燃費から決められた道のりを走るために必要なガソリンの量を求めることもできる。

板書例

同じ量の燃料で長い道のりを走る自動車はどっち

1　A車は30Lのガソリンで480km，B車は42Lのガソリンで630km 走ります。どちらの自動車が同じ量のガソリンで長く走れますか。

2　〈1Lあたりで比べよう〉

A車

□km	480km
1L	30L

1Lあたり

式　　480 ÷ 30 ＝ 16

1Lあたり 16km

B車

□km	630km
1L	42L

1Lあたり

式　　630 ÷ 42 ＝ 15

1Lあたり 15km

A車の方が長く走れる

POINT　燃費について，生活の中ですでに知っている子がいるかもしれない。そんなことを話題にしながら，子どもたちの関心

1　問題を解決する道筋を考えよう

C　「同じガソリンの量」でというから，30と42の最小公倍数を考えたらいいと思うな。

C　30と42の公約数でもできそうだよ。6Lで走る道のりを求めてみる。

C　それもいいけど，「単位量あたり」で考えてみよう。

> 単位量あたりだと，1Lあたりの走る道のりで比べることになるね
>
> どう式を書けばいいのか，4マス表にかいてみよう

2　1Lあたりに走る道のりで比べよう

T　4マス表に整理してから立式しましょう。

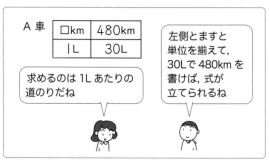

A車

□km	480km
1L	30L

> 求めるのは1Lあたりの道のりだね
>
> 左側とますと単位を揃えて，30Lで480kmを書けば，式が立てられるね

C　A車は 480 ÷ 30 ＝ 16　A車は1Lのガソリンで16km 走るんだね。（B車も同じように計算する）

C　A車の方が同じ1Lの燃料で長い道のりが走れるね。

T　このように，車が1Lで走る道のりのことを**燃費**といいます。燃費がいいとは，1Lの燃料で走る道のりが長いことをいいます。

学習のまとめをする。

42

まとめ

・車が燃料 1L あたりで走る道のりを燃費といいます。

・燃費がいいとは，1L で走る道のりが長いことです。

〈720km を走るにはガソリンが何 L 必要？〉

3 A 車

16km	720km
1L	□L

式　　720 ÷ 16 = 45

45L のガソリンがいる

4 B 車

15km	720km
1L	□L

式　　720 ÷ 15 = 48

48L のガソリンがいる

A 車の方が燃費がいいから，同じ道のりを
より少ないガソリンで走れる。

を高めていくといいでしょう。

3 A車で720km走るには何Lのガソリンがいるか求めよう

T　どうすれば求められるか，4マス表に整理してみましょう。

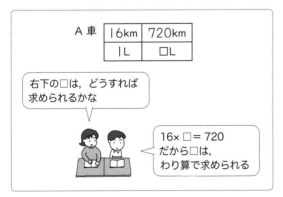

A 車

16km	720km
1L	□L

右下の□は，どうすれば求められるかな

16 × □ = 720
だから□は，
わり算で求められる

C　720 ÷ 16 = 45　A 車は 45L のガソリンで 720km 走れます。

4 B車で720km走るには何Lのガソリンがいるか求めよう

T　同じように 4 マス表をかくところから始めましょう。

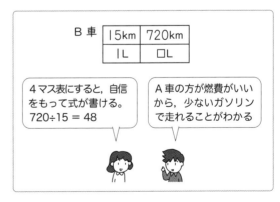

B 車

15km	720km
1L	□L

4マス表にすると，自信をもって式が書ける。
720 ÷ 15 = 48

A 車の方が燃費がいいから，少ないガソリンで走れることがわかる

ふりかえりシートが活用できる。

本時の目標　「単位量あたりの大きさ」の考え方を用いて，密度の意味や，「全体の重さ÷体積」で密度が求められることを理解する。

紙で包んだものの中身は何だろう

1

2 〈紙に包んだもの〉

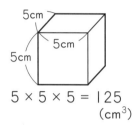

5cm
5cm
5cm
5cm

$5 \times 5 \times 5 = 125$
(cm^3)

〈物の重さ比較セット〉

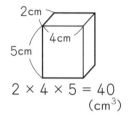

2cm
4cm
5cm

$2 \times 4 \times 5 = 40$
(cm^3)

〈比べる方法〉　・重さで比べる　×大きさがちがうからできない

・2×4×5（cm）に切って体積を同じにする　×できない

・「1あたりの大きさ」で比べる

1cm³ あたりの重さ

体積と重さを調べればわかる

板書例

POINT　導入は，理科備品の「物の重さ比較セット」を使って，ゲーム感覚で同じ密度の素材を予想していきます。手に持ってみる

1 手に持った感触で中身を予想しよう

　　理科の備品にある「物の重さ比較セット」（本書では，A 鉄・B アルミニウム・C ポリエチレン・D ゴム・E 木の20mm × 40mm × 50mm角形を使用）と F 50mm × 50mm × 50mmのゴム（できればセット内のゴムと同質のもの）を紙で包んだものを準備する。

T　この紙で包んだものは，この 5 つの素材のどれかと同じ素材です。実際に手で持って，どれと同じか予想してみましょう。

持っただけでは，区別がつかないよ

鉄はずっしり重いから，F は，鉄ではなさそう

2 同じものだと分かる方法を考えよう

T　手に持っただけでは，中身はわかりませんね。では，どうすれば同じものだとわかるでしょうか。

C　5 つの素材は同じ大きさだけど，紙で包んであるものはそれよりも大きいから，重さだけでは比べられません。

T　今まで学習したことを思い出してみましょう。

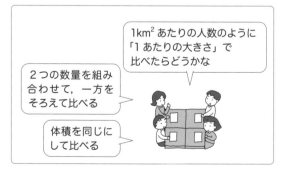

1km² あたりの人数のように「1 あたりの大きさ」で比べたらどうかな

2 つの数量を組み合わせて，一方をそろえて比べる

体積を同じにして比べる

3
4 〈調べた結果〉

重さ　体積　1cm³ あたりの重さ

A 鉄

□g	312g
1cm³	40cm³

式　312 ÷ 40 = 7.8

B アルミニウム

□g	106g
1cm³	40cm³

式　106 ÷ 40 = 2.7

C ポリエチレン　式　40 ÷ 40 = 1
D ゴム　　　　　式　64 ÷ 40 = (1.6)
E 木　　　　　　式　20 ÷ 40 = 0.5

近い

F ［　？　］　式　189 ÷ 125 = (1.512)　素材はゴムとわかる

まとめ

全体の重さ ÷ 体積 ＝ 1cm³ の重さ
→ 密度

など，体感することも大切にします。

3 1cm³ あたりの重さで比べてみよう

T　まず，この5つの素材と紙で包んであるものの，何と何を調べたらよいでしょう。
C　大きさ，…立体だから体積を調べる。
C　5つの素材は，どれも同じ体積だね。
C　それぞれの重さも調べた方がいいね。

　5つの素材と紙で包んであるものの，体積と重さを手分けして調べ，1cm³ あたりの重さを電卓で計算する。1cm³ あたりの重さのことを「密度」といい，「全体の重さ÷体積」で求められることを伝える。

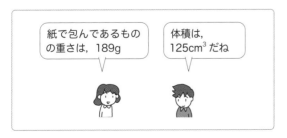

紙で包んであるものの重さは，189g

体積は，125cm³ だね

4 それぞれの1cm³ あたりの重さを調べよう

C　A鉄　312 ÷ 40 = 7.8 1cm³ あたり 7.8g
C　Bアルミニウム　　　　1cm³ あたり 2.7g
C　Cポリエチレン　　　　1cm³ あたり 1g
C　Dゴム　　　　　　　　1cm³ あたり 1.6g
C　E木　　　　　　　　　1cm³ あたり 0.5g
C　F紙で包んだもの　　　1cm³ あたり　1.512g
C　ものの素材によってそれそれの密度はちがうんだね。

　5つの素材と紙で包んであるものの密度を比べ，紙で包んだものがゴムであることを皆で確かめる。

　学習のまとめをする。

　ふりかえりシートが活用できる。

速　さ

◎ 学習にあたって ◎

＜この単元で大切にしたいこと＞

　「速さ」という概念は，幼い頃から経験の中でよくわかっていますし，目の前で見れば簡単に知覚できます。また，日常生活の中で「時速」「秒速」などという言葉を，耳にして知っている子も多いでしょう。「km／h」といった表示を電車や自動車の計器などで見て知っている子もいるかもしれません。しかし，目の前で動く物の速さを数で表す方法についてはわかっていません。この学習では，プラレールを走らせて，「速さ」をどのようにとらえるかを考え，プラレールを使って得られた情報（時間と道のり）をどのように処理するかを話し合い，「速さ」として数値化するところから始めます。

＜数学的見方考え方と操作活動＞

　「速さ」は「道のり÷時間」で求められます。このことを基に，道のりや時間の求め方を考えます。それぞれがどのような式で求められるのか考えるには，速さ，時間，道のりの３つの量の関係がわかる手立てが必要になります。ここでは４マス表（４マス関係表）を用いています。この表を，小数の乗除や単位量あたりの大きさでも扱うと，３つの量の関係がはっきりします。

＜個別最適な学び・協働的な学びのために＞

　文章問題が苦手な子が多いと言われています。それは，問題から演算決定ができないからです。ここでは，乗除の関係を表す４マス表を，演算決定の手がかりとして使います。問題を見て，４マス表の中に数値を書き入れ，求める量を□で表します。その上で４マス表を見ると，立式することができます。このような表や図を使えば，演算決定の理由を友だちに説明することもできます。

知識および 技能	速さの意味を知り，表し方や速さを求める公式を理解し，速さや道のり・時間を求めることが できる。
思考力，判断力， 表現力等	速さの表し方や比べ方を考え，表現することができる。
主体的に学習に 取り組む態度	速さを実際の場面と結びつけて考えようとする。

◎ 指導計画　8時間 ◎

時	題	目　標
1	電車の速さ比べ ①	走るきょりや時間が異なる場合の速さの比べ方を考え，比べることができる。
2	電車の速さ比べ ②	速さを求める学習を生かして，様々な電車の速さを求めて比べることができる。
3	いろいろな速さ	速さを「道のり÷時間」で求めることができ，速さには「時速・分速・秒速」といった表し方があることを理解する。
4	時速・分速・秒速の関係	時速・分速・秒速の相互関係を理解し，相互に変換ができる。
5	道のりを求める	速さと時間がわかっている場合の道のりの求め方が理解でき，道のりを求めることができる。
6	時間を求める	速さと道のりがわかっている場合の時間の求め方が理解でき，時間を求めることができる。
7	仕事の速さ	仕事の速さも，移動の速さと同じように，単位量あたりの考え方を用いて表せることを理解する。
8	「速さ」「時間」「道のり」 の関係	「速さ」「時間」「道のり」を表に整理することで，三者関係を一層明確に理解できる。

電車の速さ比べ ①

板書例

プラレールの電車の速さを比べよう

1 〈道のりが同じ場合〉

予想　A（　　）人
　　　B（　　）人

時間を知りたい

A　7.6 秒
B　8.2 秒

短い時間で走った A の方が速い

2 〈道のりが違う場合〉

予想　A（　　）人
　　　C（　　）人

道のりと時間を知りたい

A　200cm を 8.5 秒
C　140cm を 5.6 秒

比べ方を考えよう
　「単位量あたり」で考えよう

POINT　実際に移動するものを見て，速さを感じるところから始める。プラレールの速さ比べで子どもたちの関心を高めましょう。

1 道のりが同じ場合の，進み方を見て考えよう

T　電車の A と B を別々に同じ道のりを走らせてみます。どちらの方が速く走っていますか。

　　実際に AB の電車を走らせてみる

C　見た感じ A の方が速かったです。
C　もう一度走らせてください。

> 走っている時間を
> 1，2，3‥と数えて
> みよう

> 走っている時間がわか
> れば，どちらが速いか
> 比べられるね

T　走っている時間を測ってみましょう。

　　実際に AB の電車を走らせて時間を測り，短い時間で走った方が速いことがわかる。

2 道のりと時間が異なる場合を見て考えよう

T　今度は，A と C を走らせてみます。A の方は長い道のりを走ります。C の方は短い道のりを走ります。どちらが速いでしょうか。

　　実際に A と C の電車を別々に走らせてみる

C　見た感じ C の方が速かったように見えるけど。
T　何がわかれば，比べることができますか。

> さっきのように，
> 走っている時間が
> 知りたいです

> 今度は走っている道のり
> も違うから，道のりの長
> さも知りたいね

ACの電車が走っている時間と，距離を測る。
A　200cm を 8.5 秒。　　B　140cm を 5.6 秒。

準備物	・プラレール電車各種 ・ストップウォッチ　・巻尺 ・電卓 QR ふりかえりシート

I C T	表計算機能を使って空欄の表（2段×2列）を作成して配信すると、子どもは意識的に「1秒あたりの道のり」や「1cmあたりの時間」等を調べて整理する。

3　〈それぞれの比べ方〉

4　まとめ

> 1秒あたりの速さ→秒速
> 速さ＝道のり÷時間

アさんの考え

1秒あたりに進んだ道のりで比べる

A

□cm	200cm
1秒	8.5秒

式
200cm ÷ 8.5 秒＝約 24cm

C

□cm	140cm
1秒	5.6秒

式
140cm ÷ 5.6 秒＝ 25cm

1秒間で長く進んだ方が速い

イさんの考え

1cm あたり進むのにかかった時間で比べる

A

□秒	8.5秒
1cm	200cm

式
8.5 秒 ÷ 200cm ＝ 0.0425 秒

C

□秒	5.6秒
1cm	140cm

式
5.6 秒 ÷ 140cm ＝ 0.04 秒

1cm にかかる時間が短い方が速い

3　比べ方を考えよう

T　時間と道のりを使って、計算で求めてみましょう。
C　「1あたり量」の考え方を使ってみよう。

　考える時間をとり、発表する。

> 4マス表のように、1秒あたりに進んだ道のりで比べました
> A　200cm÷8.5 秒＝約 24cm（1 秒）
> C　140cm÷5.6 秒＝ 25cm（1 秒）
>
> アさん

> 4マス表のように、1cm 進むのにかかった時間で比べました
> A　8.5 秒÷200cm ＝ 0.0425 秒（1cm）
> C　5.6 秒÷140cm ＝ 0.04 秒（1cm）
>
> イさん

　2通りの計算結果から、速いのはどちらかを考える。

　4マス表（かけ算・わり算4マス表）については、本書
p10,11 の「文章題の解き方提案」を参照。

4　速さの比べ方をまとめよう

T　アさんとイさんの考えでは、どちらの方が分かりやすいですか。

　自由に意見交換をする。

> 50m 走のときの速さの比べ方と違うね

> 50m 走は、走る距離が決まっているから

T　数が大きい方が速いとわかる比べ方は、どちらですか。
C　1秒あたりに進む道のりの方です。
T　このように、1秒あたりに進む道のりで表す速さのことを「秒速」といいます。

　速さ＝道のり÷時間で求めます。

　学習のまとめをする。

　ふりかえりシートが活用できる。

板書例

電車の速さを比べよう

1　〈予想しよう〉　　A，B，C の速い順

2　〈調べる方法〉　　道のり（長さ）と時間を測る。

　　　　　　　　　　係を決める　巻尺係，時計係
　　　　　　　　　　　　　　　　電車スタート係，ストップ係

走るきょりや時間が異なる場合の速さの
比べ方を理解し，比べることができる。

3　〈調べた結果〉

	道のり	時間
A の電車	270cm	10 秒
B の電車	300cm	10.3 秒
C の電車	200cm	6.7 秒

POINT　自分が遊んだこともあるプラレールを使うことで，数字の計算で表す「速さ」を親しみをもって受け入れることができます。

1　速さを数字で表す方法を確かめよう

T　速さを求めるためには，何と何がわかれば良かったですか。

C　進んだ道のりと時間がわかればいいです。

T　どのように計算すれば良かったですか。

1 秒あたりに進む道のりを求めるといいです

道のり÷時間で速さを求めることができます

それが秒速だね

4 マス表に整理すれば式が書ける

2　「速さ」を求めるための「道のり」と「時間」を実測しよう

C　A, B, C の電車をそれぞれ走らせます。進んだ道のりを測る巻尺係，時計係，電車スタート係，ストップ係を決めてやってみましょう。

「A は 10 秒間走らせる。B は 2m 走らせる。C は 3m 走らせる…」というように，条件をそれぞれに決めて実測する。クラスのみんなが見えるようにし，係も交代しながらする。

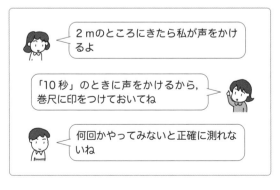

2 m のところにきたら私が声をかけるよ

「10 秒」のときに声をかけるから，巻尺に印をつけておいてね

何回かやってみないと正確に測れないね

準備物
・プラレール電車各種
・ストップウォッチ
・巻尺
QR ふりかえりシート

ICT 表計算機能を使って空欄の表（2段×2列）を作成して配信すると、子どもは表を複製して、何度も調べて情報を整理しながら、速さを比較することができる。

〈 速さを求めよう 〉

A

□cm	270cm
1秒	10秒

270cm ÷ 10秒 ＝ 27cm

1秒あたり 27cm

B

□cm	300cm
1秒	10.3秒

300cm ÷ 10.3秒 ＝ 29.12cm

1秒あたり 約29cm

C

□cm	200cm
1秒	6.7秒

200cm ÷ 6.7秒 ＝ 29.85cm

1秒あたり 約30cm

4 〈 速い順番 〉　C → B → A

まとめ
道のり÷時間で速さを求めて，
比べることができます。

---

3 実測したことを表にまとめて立式しよう

T　A，B，Cの電車の記録を4マス表に整理して，
式を書きましょう。

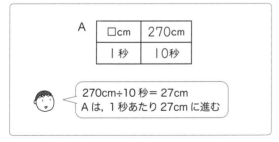

A

□cm	270cm
1秒	10秒

270cm÷10秒＝27cm
Aは，1秒あたり27cmに進む

C　Bは，300cm ÷ 10.3秒＝約29cm
　1秒あたり約29cm。　Aよりも速いです。

C　Cは，200cm ÷ 6.7秒＝約30cm
　1秒あたり約30cm。　Cがいちばん速い。

4 速い順を決めて，学習のまとめをしよう

T　速い順はどうでしたか。

C　1秒間に進む道のりだから，数が大きい方が速い
　ことになります。

C → B → Aの
順番です

道のり÷時間で
速さを求めて
比べることができるね

学習のまとめをする。

ふりかえりシートが活用できる。

いろいろな速さ

板書例

新幹線の速さを比べよう

1 ひかり号は 540km を 3 時間で走ります。かがやき号は 420km を 2 時間で走ります。どちらが速いといえますか。

〈1 時間あたりに進む道のりで比べよう〉

2 ひかり号

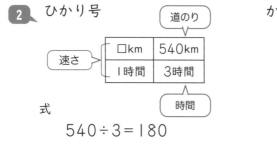

かがやき号

□km	420km
1時間	2時間

式

$$540 \div 3 = 180$$

時速 180km

式

$$420 \div 2 = 210$$

時速 210km

かがやき号の方が速い

POINT 速さを求めるには 4 マス表が有効です。公式を暗記するだけでは忘れてしまうこともありますが,4 マス表に整理すれば,

1 速さの比べ方を考えよう

問題文を提示する。

T ひかり号とかがやき号では,どちらが速いといえますか。どうやって比べたらよいでしょう。

C 前の時間に「1 秒間あたりの長さ」でおもちゃの電車の速さを比べました。

C 1 時間あたりの道のりで比べたらいいと思います。

T 1 時間あたりに進む道のりを求めましょう。

4 マス表に整理すれば
立式が簡単にできる。

□km	540km
1時間	3時間

1 時間あたりに進む道のりは常に一定というわけではないが,平均と同じようにならして考えることを伝える。

2 速さ比べの結果を発表しよう

発表で子どもたちが,説明する。

4 マス表から,このように立式できます。
ひかり号は 540km÷3 時間＝ 180km
1 時間に 180km 進んでいることがわかりました

かがやき号は 420km÷2 時間＝ 210km
1 時間に 210km 進んでいます。
このことから,ひかり号よりもかがやき号の方が速いことがわかります

T 速さは,単位時間あたりに進む道のりで表します。1 時間あたりに進む道のりで表した速さを時速といいます。時速＝道のり÷時間です。

3 〈かがやき号が1分間に進む道のり〉

1時間＝60分間だから

210÷60＝3.5　　分速3.5km

□km	210km
1分間	60分間

4 〈かがやき号の秒速を求めよう〉

1分間＝60秒間だから

3.5÷60＝0.0583…　　秒速　約0.058km（58m）

□km	3.5km
1秒間	60秒間

まとめ

速さ（時速）＝道のり÷時間

時速	1時間あたりに進む道のりで表した速さ
分速	1分間あたりに進む道のりで表した速さ
秒速	1秒間あたりに進む道のりで表した速さ

「単位あたり量」を求めていることが読み取れて，立式ができます。

3 時速から分速を求めてみよう

T　時速210kmで走るかがやき号の，1分間あたりに進む道のりは何kmでしょう。

C　1時間は60分だから，時速を60でわれば1分間あたりに進む道のりがわかると思います。

1時間を60分にして，4マス表にかくと，このようになると思うな

□km	210km
1分間	60分間

210kmを60でわればいいことが，よくわかるね

C　1分間で進むのは3.5kmです。

T　1分間あたりに進む道のりで表した速さを**分速**といいます。

4 分速から秒速を求めて，まとめをしよう

T　かがやき号の分速は3.5kmですね。それから秒速を求めてみましょう。

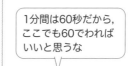

1分間は60秒だから，ここでも60でわればいいと思うな

□km	3.5km
1秒間	60秒間

4マス表をかくと，上のようになるから，わり算だよ

C　3.5km ÷ 60秒＝約0.0583km　秒速は約58mです。

速さには，速さの単位により「時速・分速・秒速」の3つの表し方があることを学習のまとめとする。

ふりかえりシートが活用できる。

時速・分速・秒速の関係

板書例

時速・分速・秒速の比べ方を考えよう

1

〈世界最速の飛行機〉

時速 12000km

分速　12000 ÷ 60 = 200
　　　　　　　　200km

秒速　200 ÷ 60 = 3.333…
　　　　　　　　約 3km

2

時速 80km のノウサギと，秒速 20m の
ダチョウではどちらが速いですか。

3　〈秒速にそろえる〉

時速 80km　　80km = 80000m

80000 ÷ 60 ÷ 60 = 22.222…
　　　　　　　　　　秒速　約 22m

〈時速にそろえる〉

秒速 20m

20 × 60 × 60 = 72000

72000m = 72km　　　時速 72km

答え　ノウサギの方が速い

POINT　ポイントは，時間は 60 進法であることです。「× 60 ，÷ 60 」という計算を使って時速，分速，秒速を相互に変換して

1 速い乗り物を話題にして話そう

C　新幹線は時速 200km ～ 300km くらいだよね。

C　2027 年に開通するリニアモーターカーは，時速
420km と聞いたことがあります。

C　世界最速の航空機は時速 12000km らしいよ。

　　乗り物や動物など児童が興味を持てる題材で始める。

T　時速 12000km だと，分速や秒速は何km でしょうか。

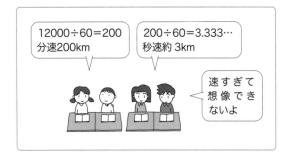

2 時速80kmのノウサギと秒速20mのダチョウ
　　ではどちらが速いか比べよう

C　時速と秒速だからこのままでは比べられないよ。

C　時速を分速や秒速で表したように，どちらかに揃
えて表したらいいと思います。

T　そうですね。時間の単位を揃えて計算してみま
しょう。

考える時間を十分とる。個別指導をする。
電卓を使ってもよいことにする。

④

時速・分速・秒速の関係

$$÷60 \quad ÷60$$

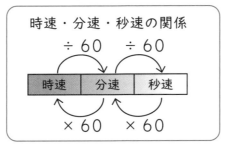

まとめ

| 時速 | 分速 | 秒速 |

$$×60 \quad ×60$$

秒速 50 m のツバメと 時速 120km のチーターではどちらが速いですか。

秒速50m

$$50×60×60=180000（m）→ 時速180km$$

時速120km （＝120000m）

$$120000÷60÷60 ＝33.3…（m）→ 秒速 約33m$$

答え　ツバメの方が速い

いきます。

3 考え方を発表して話し合おう

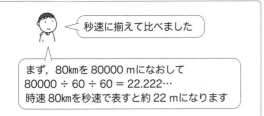

秒速に揃えて比べました

まず，80kmを80000mになおして
80000 ÷ 60 ÷ 60 = 22.222…
時速80kmを秒速で表すと約22 mになります

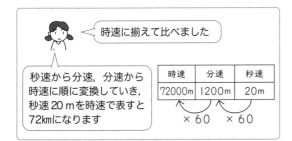

時速に揃えて比べました

秒速から分速，分速から
時速に順に変換していき，
秒速20 mを時速で表すと
72kmになります

時速	分速	秒速
72000m	1200m	20m

$$×60 \quad ×60$$

C　ノウサギの方が速いということだね。
C　一方は「÷ 60 ÷ 60（÷ 3600）」で，もう一方は，
　「× 60 × 60（× 3600）」という計算をしているね。

4 時速・分速・秒速の関係をまとめよう

C　時速を分速にするには，「÷ 60」
C　分速を秒速にするには，「÷ 60」
C　秒速を分速にするには，「× 60」
C　分速を時速にするには，「× 60」

　学習のまとめをする。

　ｋｍとmという２つの単位が出てきている場合もある。長さの単位にも見落としがないように注意させたい。

T　秒速 50 m のツバメと 時速 120km のチーターでは，どちらが速いですか。

　秒速を時速にしたり，時速を秒速に変換して求める。
　分速に揃える子の考えも認める

　ふりかえりシートが活用できる。

板書例

進んだ道のりを求めよう

1 ┃ 時速 45km ┃ の自動車が 3 時間走ると，何km進むことができるでしょうか。

└─ １時間あたり 45km

2

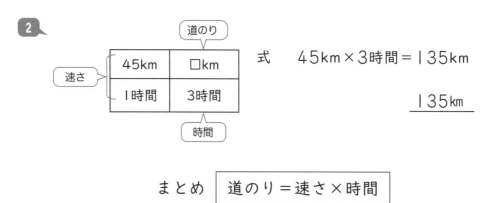

	道のり
45km	□km
1時間	3時間

速さ　　　　　　　　時間

式　　45km × 3時間 ＝ 135km

　　　　　　　　　　135km

まとめ　┃ 道のり＝速さ×時間 ┃

POINT　ここでも，4マス表を使って「速さ・道のり・時間」を整理していきます。4マス表に整理すると，求める場所によって使

1 解決の道筋を考えよう

T　速さはわかっている問題ですね。時速 45km とはどんな意味でしたか。

C　1時間で 45km 走る速さという意味です。

T　どうやって答えを求めることができますか。

3時間と，時間もわかっているね

問題文から4マス表にかいてみたらどうかな

問題文から，4マス表に整理するために考える時間を十分にとる。

2 4マス表から立式して解決しよう

T　わかっていることは何ですか。

C　1時間に 45km 走るという速さと，時間です。

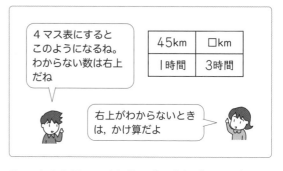

4マス表にするとこのようになるね。わからない数は右上だね

45km	□km
1時間	3時間

右上がわからないときは，かけ算だよ

C　1あたり量×いくら分の式にすればいいです。

C　45km × 3時間 ＝ 135km　135km 進みます。

T　言葉の式で表すと，『道のり＝速さ×時間』になります。

学習のまとめをする。

ICT　子どもがノートにかいた□を使った式や表、図を写真撮影して共有機能を使って全体共有すると、対話的に「道のり」の求め方に迫っていくことができる。

3

秒速24cmで走る電車が15秒間で進む道のり

24cm	□cm
1秒間	15秒間

式　24cm × 15秒間 = 360cm

　　　360cm

4

自転車が分速250mで18分間走ったときに進む道のりは何kmですか。

250m	□m
1分間	18分間

式　250m × 18分間 = 4500m

4500m = 4.5km

　　　4.5km

う計算が，かけ算かわり算かがすぐにわかります。

3 学習したことを生かして問題を解こう①

T　プラレールで秒速24cmで走る電車が15秒間で進む道のりは何cmですか。

C　これも道のりを求める問題だね。

C　4マス表にかいてみよう。

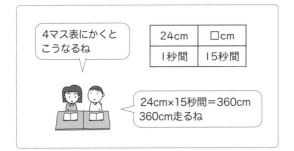

4マス表にかくとこうなるね

24cm	□cm
1秒間	15秒間

24cm×15秒間=360cm
360cm走るね

実際にプラレールで電車を走らせて，計算した長さになることを確かめる。

4 学習したことを生かして問題を解こう②

T　自転車が分速250mで18分間走ったときに進む道のりは何kmですか。

C　道のりを求めるからかけ算だと思うけど，4マス表にかいて確かめよう。

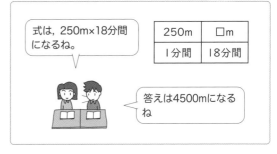

式は，250m×18分間になるね。

250m	□m
1分間	18分間

答えは4500mになるね

C　問いの文は「何kmになりますか。」だから4500mのままではいけないよ。4.5kmです。

ふりかえりシートが活用できる。

板書例

時間を求めよう

① 分速200mで走る自転車が1200m進むのにかかる時間を求めましょう。

②

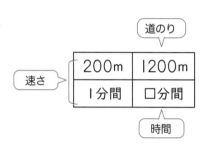

道のり

	道のり
200m	1200m
1分間	□分間

速さ　時間

速さ　時間　道のり

$200 × □ = 1200$

$□ = 1200 ÷ 200$

式　$1200 ÷ 200 = 6$　　6分間

まとめ　時間＝道のり÷速さ

POINT 「速さ」を求めるときだけでなく，「道のり」や「時間」を求める学習でも，プラレールを使って実測します。そうすることで，

1 時間を求める解決の道筋を考えよう

T　わかっていることは，何ですか。
C　分速と道のりです。
T　分速200mとはどういう意味でしたか。
C　1分間に200m進むということです。

4マス表を途中までかいてみたよ
1200mはどこにかくのかな

200m	
1分間	

横の単位を揃えるよ
1200mは道のりだから，右上だよ

　問題文から，4マス表に整理するために考える時間を十分にとる。

2 4マス表から立式して解決しよう

T　4マス表に整理できたら，それを使って立式しましょう。

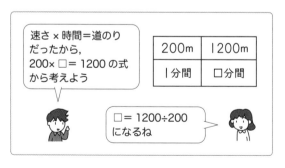

速さ×時間＝道のりだったから，
200×□＝1200の式から考えよう

200m	1200m
1分間	□分間

□＝1200÷200になるね

C　$1200 ÷ 200 = 6$　　6分間になるね。
T　言葉の式で表すとどうなりますか。
C　「時間＝道のり÷速さ」になります。
　学習のまとめをする。

準備物	・プラレール ・電車　・巻尺 ・ストップウォッチ QR ふりかえりシート	ICT	子どもがノートにかいた□を使った式や表、図を写真撮影して共有機能を使って全体共有すると、対話的に「時間」の求め方に迫っていくことができる。	

3

秒速 24cm で走るおもちゃの電車が 200cm を
走る時間は何秒ですか。

24cm	200cm
1秒間	□秒間

式　200cm ÷ 24cm = 8.333・・

上から2けたのがい数　　約 8.3 秒間

4

自動車が時速 40km で 100km を走ると
何時間かかりますか。

40km	100km
1時間	□時間

式　100km ÷ 40km = 2.5 時間

2.5 時間

2.5 時間 = 2 時間 30 分

学習内容がより納得できるものになります。

---

3 秒速24cmで走るおもちゃの電車が 200cm走る時間は何秒間か求めよう

C　時間を求めるから，わり算だと思う。

C　4マス表にかいてみよう

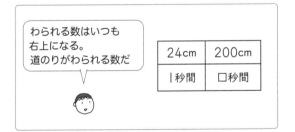

24cm	200cm
1秒間	□秒間

C　200 ÷ 24 = 8.333・・　わり切れないよ。

T　上から2桁の概数にしましょう。

C　約 8.3 秒間です。本当にそうなるのかな。

　実際にプラレールで電車を走らせて，計算した時間になることを確かめる。

4 自動車が時速40kmで100km走ると 何時間かかるか求めよう

C　4マス表にかいて式を立てよう。

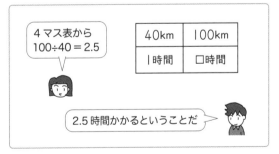

4マス表から
100÷40 = 2.5

40km	100km
1時間	□時間

2.5 時間かかるということだ

T　2.5 時間は，何時間何分のことですか。

C　2 時間 50 分かな。

C　0.5 時間は 1 時間の半分だから，30 分です。

C　60 × 0.5 = 30　として 30 分です。

　2.5 時間は，2 時間 30 分ともいえます。

ふりかえりシートが活用できる。

仕事の速さ

板書例

○つけゲームをしよう

1

〈ルール〉

・時間内に○をたくさんかいた人が勝ち

・25秒，40秒，50秒，75秒のどの時間で挑戦するかを決める

2

〈時間でいちばんの人を比べる〉

【25秒】A さん 72個

□個	72個
1秒	25秒

1秒あたり

式　72個÷25秒＝2.88個

【40秒】B さん 124個

□個	124個
1秒	40秒

式　124÷40＝3.1

【50秒】C さん 145個

□個	145個
1秒	50秒

式　145÷50＝2.9

【75秒】D さん 195個

□個	195個
1秒	75秒

式　195÷75＝2.6

チャンピオン　1秒あたり3.1個のB さん

POINT　簡単にできる○つけゲームから導入し，仕事の速さを自らが体感し，楽しく学習できるようにしましょう。

1 ○つけゲームをしてみよう

T　ルールは簡単です。決めた時間内に「○つけ用紙」に，何個○をつけることができるかを競います。

　時間は25秒，40秒，50秒，75秒です。グループの中で，誰がどの時間で挑戦するか決めましょう。

私はいちばん長い75秒に挑戦してみたい。速く書くの得意だよ

○は，きちんと線が閉じていないものは数えないルールだね

それぞれの時間ごとに，「用意，始め！」「ストップ！」の合図で○つけをする。

　○の数を確認しておく。

2 ○つけゲームのチャンピオンを決めよう

T　誰がいちばん○つけが速くできたか，○つけチャンピオンを決めましょう。

C　同じ時間同士だったら，数の多い方が勝ちだね。

T　時間が違う場合はどう比べればいいですか。

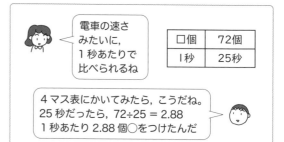

電車の速さみたいに，1秒あたりで比べられるね

□個	72個
1秒	25秒

4マス表にかいてみたら，こうだね。
25秒だったら，72÷25＝2.88
1秒あたり2.88個○をつけたんだ

C　それぞれの時間の，1秒あたりの個数を求めよう。

C　チャンピオンは，40秒で挑戦したB さんだね。

T　このように，作業の速さも単位時間あたりで比べることができます。

　学習のまとめをする。

> **まとめ** 仕事の速さも単位時間あたりの大きさで比べることができる。

3 〈コピー機A〉

15分で450枚印刷するコピー機Aの1分あたりの枚数は何枚ですか。

□枚	450枚
1分	15分

式　450枚 ÷ 15分 = 30枚

<u>1分あたり30枚</u>

4 コピー機Aが8分間で印刷できる枚数

30枚	□枚
1分	8分

式　30枚 × 8分 = 240枚

<u>240枚</u>

コピー機Aが600枚印刷できる時間

30枚	600枚
1分	□分

式　600枚 ÷ 30枚 = 20分

<u>20分間</u>

---

3 コピー機Aの仕事の速さを調べよう

T　コピー機Aの仕事の速さを求めましょう。

ここでは1分あたりを求めたらいいね

□枚	450枚
1分	15分

○つけゲームと同じように考えればいいね

C　450枚 ÷ 15分 = 30枚となります。

C　1分間あたり30枚印刷していることになります。

T　コピー機を売っているところへ行くと、1分間で何枚印刷できるかが表示してあります。コピー機の仕事の速さは大切な要素なんですね。

4 コピー機Aの仕事の速さから求めよう

T　このコピー機Aで8分間印刷すると、何枚印刷ができますか。

C　4マス表にかいてみるとこうなるから、かけ算だね。

30枚	□枚
1分	8分

C　30 × 8 = 240　240枚印刷できます。

T　このコピー機Aで600枚を印刷するには、何分間かかりますか。

ここでも4マス表にすると、自信をもって式が書けるね

30枚	600枚
1分	□分

 600÷30 = 20 かかる時間は20分間だね

ふりかえりシートが活用できる。

「速さ」「時間」「道のり」の関係

本時の目標　「速さ」「時間」「道のり」を表に整理することで，三者関係を一層明確に理解できる。

板書例

「速さ・道のり・時間」の関係を調べよう

1　㋐　400㎞を5時間で進む[速さ]　　㋑　[時速80㎞]で5時間で進む道のり

2

速さ　道のり

□km	400km
1時間	5時間

時間

速さ　道のり

80km	□km
1時間	5時間

時間

3

式

400÷5＝80

時速80㎞

[速さ＝道のり÷時間]

式

80×5＝400

400㎞

[道のり＝速さ×時間]

[POINT] 問題文に線や□をかいたり，4 マス表に整理したりすることで三者の関係や何を求めているか、そしてどう立式すればいい

1 問題文から「速さ・道のり・時間」を見つけよう

T　㋐～㋒の問題文で，速さには□を，時間には――を，道のりには～～～ を書いて示しましょう。
　㋐～㋒で，それぞれわかっていることと求めることは何ですか。

C　㋐は，道のりと時間がわかっていて，速さを求める問題です。

㋑は，速さと時間がわかっていて，道のりを求める問題です

㋒は，道のりと速さがわかっていて，時間を求める問題です

2 ㋐～㋒の問題文を表に整理しよう

「時速 80km」とは，「1 時間あたりに 80km の道のりを進む速さ」であることを繰り返し説明する。

これは時速を求める問題だね

□km	400km
1時間	5時間

4 マス表にかけば式がかけるね

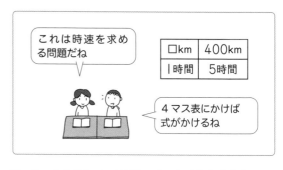

T　3 つとも表にして気がつくことはありますか。

C　表に整理することは同じで□の位置が違うだけだね。

C　「速さ・道のり・時間」は 3 つで 1 セットの関係だね。

準備物	QR ふりかえりシート

ICT　ふりかえりシートのデータを配信し、子どもが自分の考えを記入して全体共有すると、考え方を交流しやすくなり、どう理解しているか見取りやすくなる。

4

ⓒ　400kmを 時速80km で進むのにかかる時間

速さ	道のり
80km	400km
1時間	□時間

↑
時間

式
400÷80=5

5時間

時間＝道のり÷速さ

分速600m のオートバイが3km進むのにかかる時間

3km＝3000m

600m	3000m
1分間	□分間

式
3000÷600=5

5分間

かが，明確にわかるようになります。

3　ⓐ〜ⓒの表から立式して答えを求めよう

C　4マス表から式を立ててみよう。

C　私は言葉の式から式を立てます。数字を「速さ×時間＝道のり」にあてはめてから□の数を求めます。

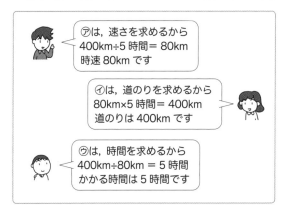

ⓐは，速さを求めるから
400km÷5時間＝80km
時速80kmです

ⓑは，道のりを求めるから
80km×5時間＝400km
道のりは400kmです

ⓒは，時間を求めるから
400km÷80km＝5時間
かかる時間は5時間です

C　やっぱり、「速さ・道のり・時間」は3つで1セットの関係だね。

4　4マス表を活用して問題を解決していこう

　「単位量あたりの大きさ」と同じように、「速さ」でも文章問題を整理するのに、4マス表がとても有効。「1あたり」つまり「1時間（分間・秒間）あたり」をはっきりと表すことで、「時間」「道のり」との関係をまとめることができる。

T　4マス表を使って問題文を整理して問題を解決しましょう。
　分速600m のバイクが 3km 進むのにかかる時間を求めましょう。

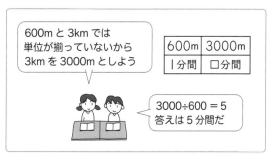

600m と 3km では
単位が揃っていないから
3km を 3000m としよう

600m	3000m
1分間	□分間

3000÷600＝5
答えは5分間だ

ふりかえりシートが活用できる。

四角形と三角形の面積

◎ 学習にあたって ◎

＜この単元で大切にしたいこと＞

　この単元では，全体を通して，問題となる図形を既習の求積可能な図形になるように操作活動をし，その活動から公式を導き出し，さらにはその公式を活用して面積を求めていきます。これらの学習を通して算数的活動が存分に楽しめる単元です。まず，すべての子どもたちが各学習活動で操作を通して一定の解決ができることを目的としましょう。そして，それらの解決を積み重ね，より簡潔な解決方法を考えることができるようにします。

＜数学的見方考え方と操作活動＞

　既習の面積の求め方を活用して，平行四辺形，三角形，台形，ひし形の面積を求めます。そのためには，等積変形をしたり，倍積変形をして分割したりと，多様な考え方を用いて操作活動をすることになります。また，考えて操作したことを説明できるように，図や言葉で表せるようにします。

＜個別最適な学び・協働的な学びのために＞

　既習の求積可能な図形になるように操作活動をしたことや，公式を適応して求積できたことなどを伝え合い交流することで，互いの考え方の良さやおもしろさを認め合えるようにします。そして，みんなの考えに共通していることや簡潔に解決できることの良さをみつけ出して，学びを深めていきます。

◎ 評　価 ◎

知識および技能	平行四辺形，三角形，台形，ひし形などの面積の公式の意味を理解し，公式を用いて平行四辺形，三角形，台形，ひし形などの面積を求めることができる。。
思考力，判断力，表現力等	既習の求積方法をもとに，平行四辺形，三角形，台形，ひし形の面積を求める公式を導くことができる。
主体的に学習に取り組む態度	平行四辺形，三角形，台形，ひし形などの面積を求めるために，既習の求積方法と関連づけて考えて操作活動をしようとする。

時	題	目 標
1	平行四辺形の面積	平行四辺形の面積は，長方形に等積変形することによって求められることがわかる。
2	平行四辺形の求積公式	「底辺」と「高さ」を知り，平行四辺形の面積は「底辺×高さ」の公式で求められることを理解する。
3	高さが外にある平行四辺形の面積	高さが平行四辺形の外側にある場合も，面積は「底辺×高さ」で求められることが理解できる。
4	平行四辺形の底辺と高さと面積の関係	平行四辺形の底辺や高さから面積を比べることができる。また，平行四辺形の面積から底辺や高さを求めることができる。
5	三角形の面積	三角形の面積の求め方を考え，その考え方を図や言葉で表すことができる。
6	三角形の求積公式	三角形の面積の求める公式を考え出し，公式を使って面積を求めることができる。
7	三角形の高さ	三角形の高さが外にある場合も，高さは頂点から底辺に向かう垂直な直線の長さであることに気づき，公式を使って面積を求めることができる。
8	三角形の底辺と高さと面積の関係	どんな三角形でも底辺の長さと高さが等しければ面積が等しいことや，面積から高さを求めることができる。
9	台形の面積	台形の面積の求め方を考え，求め方を図や言葉で表すことができる。
10	台形の求積公式	台形の面積を求める公式を考え出し，公式を使って面積を求めることができる。
11	ひし形の面積	ひし形の面積の求め方を考え，対角線の長さを使った公式を理解する。
12	いろいろな四角形の面積	これまでに学習した面積を求める公式を活用して，いろいろな四角形の面積を求めることができる。
13	高さと面積の比例関係	三角形や平行四辺形の底辺の長さ（高さ）を一定にしたとき，高さ（底辺の長さ）と面積は比例することを理解する。

第1時

平行四辺形の面積

本時の目標　平行四辺形の面積は，長方形に等積変形することによって求められることがわかる。

板書例

平行四辺形の面積の求め方を考えよう

1

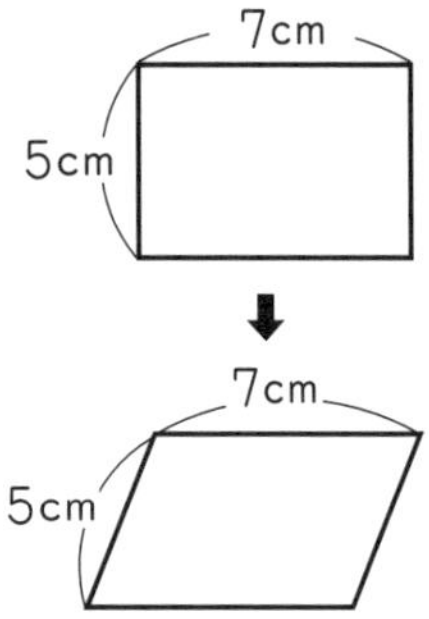

5 × 7 = 35
35cm^2

面積は？

2 〈方眼を使って求めよう〉

㋐
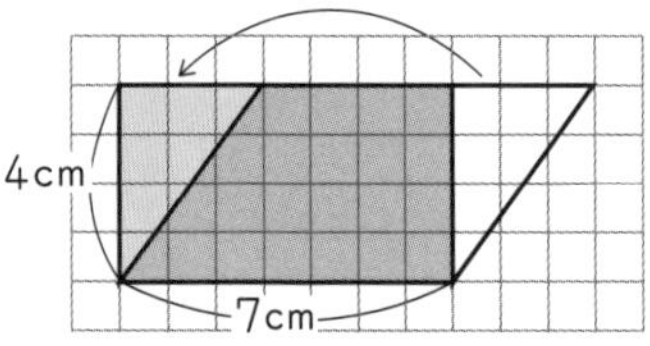

4 × 7 = 28
28cm^2

㋑
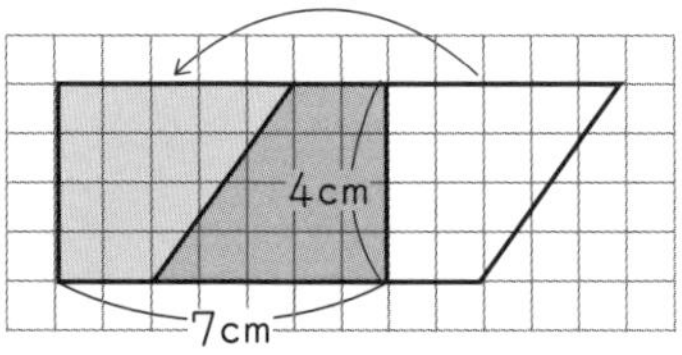

4 × 7 = 28
28cm^2

㋒
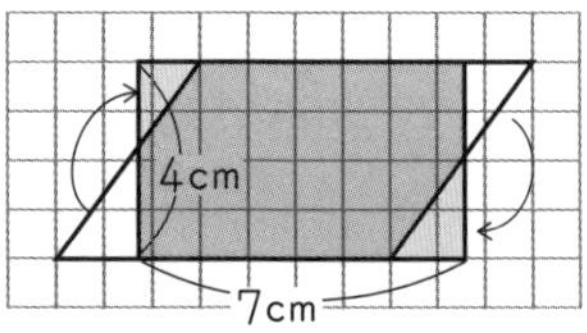

4 × 7 = 28
28cm^2

[POINT] まずは，どの子も平行四辺形を長方形に等積変形できることを大切にします。それを土台にして，多様な考えを出し合い，

1 長方形を平行四辺形にすると面積はどうなるか考えよう

T　縦 5cm横 7cmの長方形の面積を求めましょう。

C　簡単です。縦×横だから，5 × 7 = 35 で 35cm^2 です。

T　では，この長方形の縦と横の長さを変えずにこのまま形を変形させていきます。

厚紙等で作った四角形の枠を使って長方形から平行四辺形へ変形させる。

T　長方形が平行四辺形になったけど，面積は同じだと思いますか。

辺の長さは同じだから，同じじゃないかな

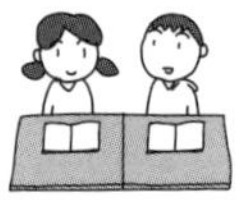

でも，斜めにしていくとどんどん面積が狭くなっている気がするよ。同じではないと思うな

2 方眼紙にかかれた平行四辺形の面積を工夫して求めよう

ワークシートが活用できる。

T　切ったり動かしたりして今まで学習した図形に変えてみるといいですね。

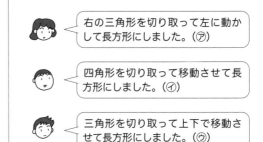

右の三角形を切り取って左に動かして長方形にしました。(㋐)

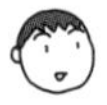

四角形を切り取って移動させて長方形にしました。(㋑)

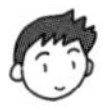

三角形を切り取って上下で移動させて長方形にしました。(㋒)

実際に操作して平行四辺形を長方形にしてみることで，面積を求める際に，斜辺の 5cmは関係のない長さであることがわかる。

準備物	・長方形の枠（厚紙など） ・はさみ・のり　QR 板書用図 QR ワークシート QR ふりかえりシート

ICT	板書用図（平行四辺形）のデータを配信すると，子どもたちはそこに線を引くなどして考えを表現しやすくなり，全体共有もしやすくなる。

3 〈平行四辺形のどこの長さが必要か〉

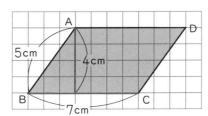

7cm　平行四辺形の下の線の長さ

4cm　下の線と上の線に垂直な線の長さ

まとめ　平行四辺形の面積は，長方形に形を変えれば，求めることができる。

4 面積を求めるときに必要な長さ

そこから，面積を求めるための共通点を見つけ出せるようにします。

3 どんな工夫をしたのか発表を聞いて話し合おう

　子どもたちに求め方を発表してもらう。発表者を称賛することはもちろん，同じ方法で解決した子を確認し，自分でできたことを認める。また，ノートに図や言葉でよくわかるように表現している子も紹介したい。

T　㋐㋑㋒の方法で共通していることは何ですか。

> どれも平行四辺形を横ではなく縦に垂直に切って長方形にしています

> どれも面積を求める式が 4×7 になっています

T　4×7 の 4 ㎝と 7 ㎝はどこの長さですか。

C　長方形にしたときの縦の長さと横の長さです。

C　平行四辺形でいうと，4 ㎝は下の線から上の線までの幅の長さ，7 ㎝は下の線か上の線の長さです。

T　長方形に形を変えると面積を求められますね。

　　学習のまとめをする。

4 平行四辺形の面積を求めるときに必要な長さに線をひいてみよう

T　平行四辺形のどこの長さがわかったら面積を求めることができますか。赤線をひいてみましょう。

C　長方形に変形すると考えて…，1 つは，下の線の長さがわかったらいいね。

C　長方形の横にあたる長さです。

T　もう 1 つは，どこの長さですか。

> 長方形の縦に当たる長さは，平行四辺形の上の線と下の線の間の長さです

> 間の長さでも，上と下の線に垂直な線の長さです

　ここでは実際の操作は行わず，頭の中で等積変形をして，どこの 2 つの長さが必要になるかを長方形から見つけ，面積を求めていく。最後に，教師が板書で実際に操作をして間違いがないかを確認する。

　ふりかえりシートが活用できる。

平行四辺形の求積公式

板書例

平行四辺形の面積を求める公式を考えよう

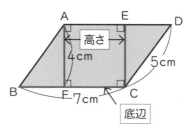

1 〈長方形にして求めたら〉

AF×BC
4 × 7 = 28
28cm²

2 平行四辺形の面積＝底辺×高さ

式
7 × 4 = 28

底辺　　高さ

28cm²

底辺が先なのはなぜ？

POINT　平行四辺形の面積を求める公式では，なぜ「縦×横」と言わないのか？なぜ「底辺」が先なのか？ただ公式を暗記するので

1 平行四辺形の面積を求めるのに必要な長さを発表しよう

T　前の時間に平行四辺形を長方形に変えて面積を求めました。平行四辺形のどこが長方形の縦と横の長さになっていましたか。

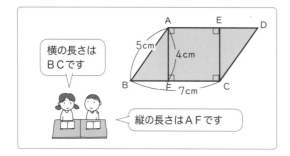

横の長さはBCです

縦の長さはAFです

T　ＡＢの５㎝は使いますか？
C　使いません。面積を求めるのに必要ありません
C　平行四辺形の面積を求める式はどうなりますか。
C　4 × 7 = 28 で 28cm² です。
C　7 × 4 = 28 で 28cm² です。式は 4 が先でも 7 が先でもいいのかな？答えは同じだけど…。

2 4×7ではなく，7×4になるのはなぜか考えよう

T　平行四辺形の辺ＢＣを『底辺』といいます。そして，その底辺に垂直なＡＦやＥＣを『高さ』といいます。底辺と高さをどうすれば面積は求められますか。
C　底辺と高さをかけたら求められます。
T　平行四辺形の面積を求める公式は，『底辺×高さ』です。

「底辺×高さ」だから，7×4＝28が正しいんだね

答えが同じなのに，「高さ×底辺」ではだめなのかな。長方形は縦×横だったよ

　平行四辺形の公式を伝えると，なぜ長方形と言い方が違うのか，なぜ底辺が先なのか，といった疑問が出てくるのは自然。また，そういった疑問を持つことが本当の理解につながる。

　次の３の学習につなげる。

[準備物]
[QR] 板書用図
・三角定規　・ものさし
[QR] ふりかえりシート

[ICT]
スライド機能を使って平行四辺形における高さを表した図を作って配信すると、高さを表す直線を平行移動させることで、高さの意味を掴みやすくなる。

3 〈辺 CD を底辺にすると高さは？〉

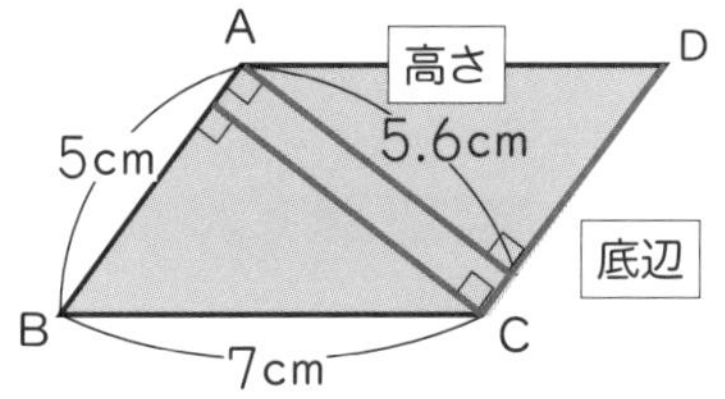

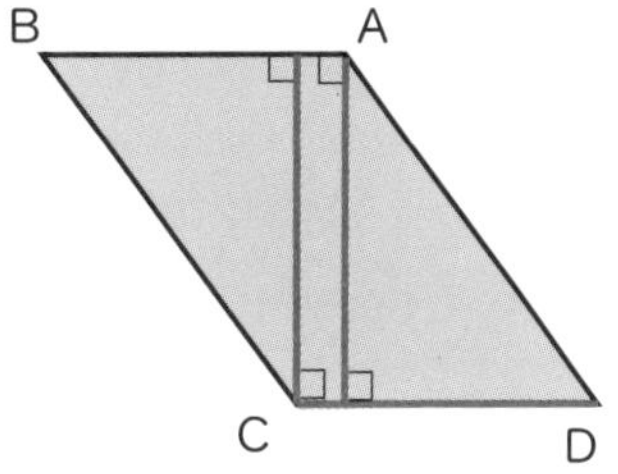

式　$5 \times 5.6 = 28$　　28cm²

（底辺）（高さ）

4 〈面積を求めよう〉

㋐

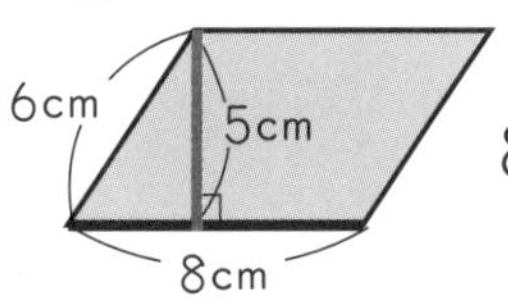

$8 \times 5 = 40$

40cm²

㋑

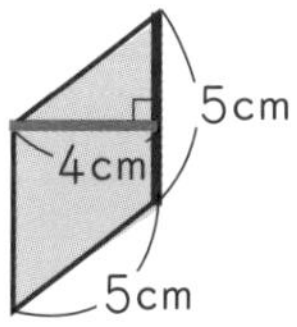

$5 \times 4 = 20$

20cm²

はなく，公式の意味をみんなで考えられるようにしましょう。

3 底辺を辺 CD にすると高さはどこになるか見つけよう

T　高さはどこになるか，図に線をひいてみましょう。辺ＣＤが下になるよう図を回転させるとよくわかりますよ。

底辺に垂直になっている直線が高さだったね

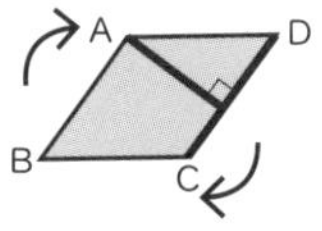

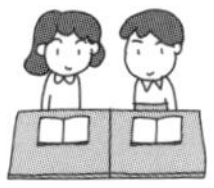

そうか，底辺によって高さが決まるんだね。だから，先に底辺を書くんだ

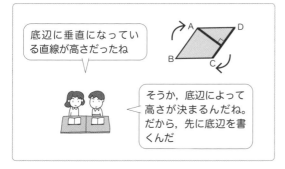

C　長方形は，向きが変われば縦と横を入れ替えたらいいけど，平行四辺形は違うんだね。

三角定規等を使って辺 CD に垂直な線をひく。辺 BC に垂直な線をひくのは簡単だが，辺 CD に垂直な線は向きを回転させても難しい。教師が確認する。底辺と高さの長さを測って面積を求め，同じ 28㎠であることを確認する。

4 公式を使って平行四辺形の面積を求めよう

C　「底辺」と「高さ」を見つけて，公式を使えばできそうだね。

T　「底辺」には，鉛筆で太線をひき，「高さ」には，赤い線をひきましょう。

㋐は，3つ長さがかいてあるから必要のない長さがあるね

㋑は，底辺が横にある問題だね

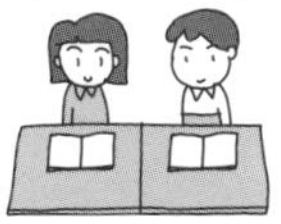

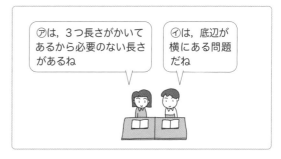

底辺がいろいろな位置になるような問題に取り組ませ，その中で余計な長さに惑わされず，「底辺」と「高さ」を間違いなく見つけられるようにする。底辺と高さに太い線や赤い線をひかせるなど，底辺と高さの２つを意識させて問題を求めさせるとよい。

ふりかえりシートが活用できる。

第3時 高さが外にある平行四辺形の面積

[本時の目標] 高さが平行四辺形の外側にある場合も，面積は「底辺×高さ」で求められることが理解できる。

[板書例]

平行四辺形の高さを見つけて面積を求めよう

1

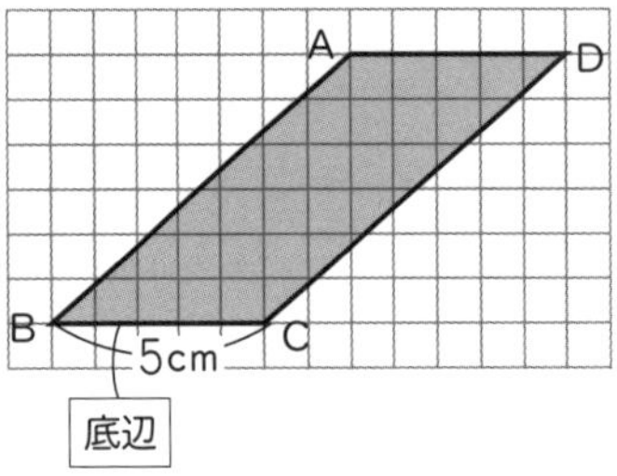

〈高さはどこだろう？〉

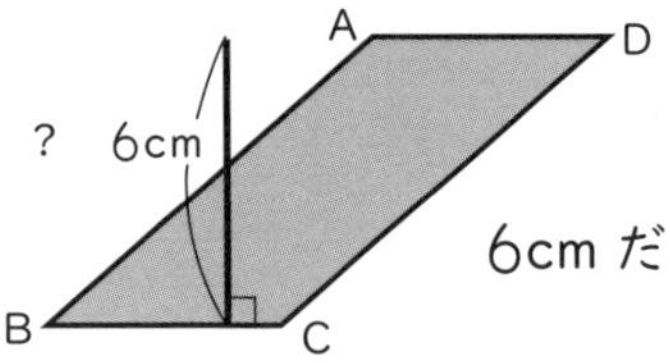

6cm だろうか？

2 〈形を変えて面積を求めよう〉

3 ㋐ 平行移動する

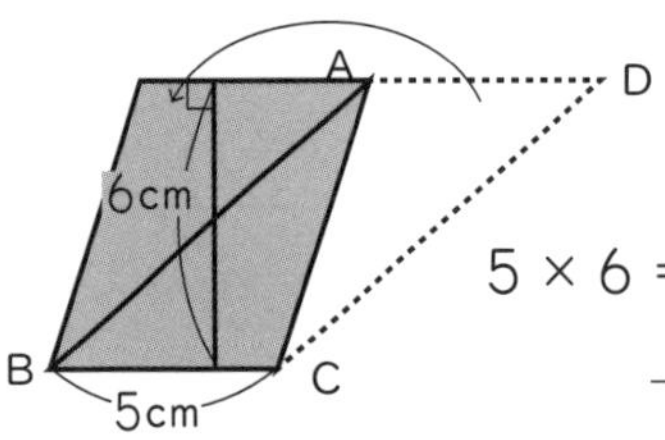

$5 \times 6 = 30$

$30cm^2$

㋑ 長方形に

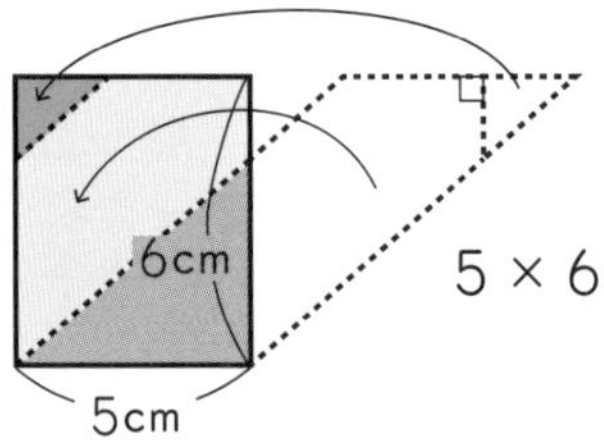

$5 \times 6 = 30$

$30cm^2$

[POINT] 平行四辺形を等積変形をして，高さが中にある形に変えるなど，様々なアイデアを楽しめるようにしましょう。

1 底辺をBCとして平行四辺形の面積を求めよう

C 面積は「底辺×高さ」で求められるね。

C あれ？高さはどこになるのかな。

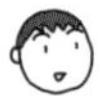

高さは AC でいいのかな？

それでは，底辺と高さが垂直になっていないよ

平行四辺形の外になってしまうけど，垂直を考えると高さは 6cm ということになるな

T 底辺に垂直に線をひくと，平行四辺形の外に出てしまいますね。では，面積は変えないで，高さが中にある形に変えてみましょう。

ワークシートが活用できる。

高さは底辺と垂直になる直線なので，6㎝ではないかという見通しを持たせて取り組ませると良い。

2 高さが図形の中にある形に変えて面積を求めよう

C ハサミで切って移動させたり，２つ合わせたりして形を変えてみましょう。

㋐ACで切った三角形ACDを左側へ移動させて高さが中にある平行四辺形にする

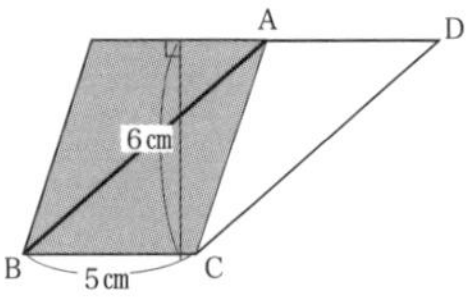

㋑5cmずつ垂直に切ってそれを長方形に組み合わせる

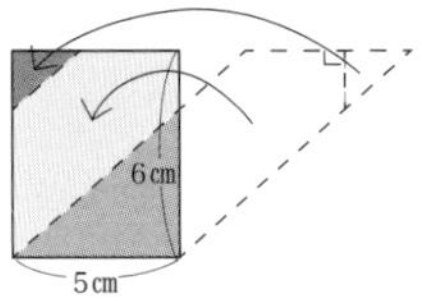

㋒同じ平行四辺形を2つ合わせると，高さが中にある平行四辺形になる。求めた面積を2でわる

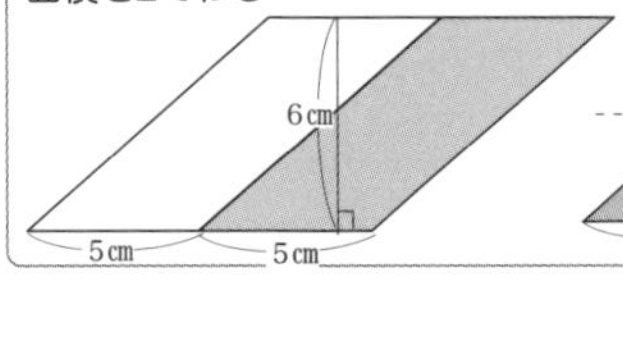

㋓横半分の2つに分けて面積を求め，それを2倍する

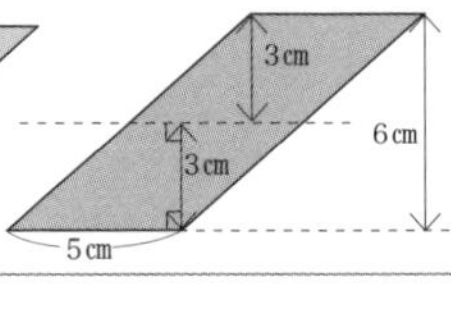

準備物
・はさみ・三角定規・ものさし
・方眼黒板　QR 板書用図
QR ワークシート
QR ふりかえりシート

ICT　スライド機能を使って平行四辺形の高さを表した図を作って配信すると、高さを表す直線を平行移動させることで、高さの位置を見つけやすくなる。

ⓦ 2つ合わせる

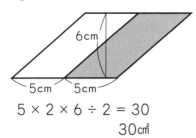

$5 × 2 × 6 ÷ 2 = 30$
30㎠

ⓔ 2つに分ける

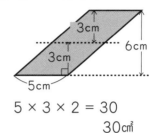

$5 × 3 × 2 = 30$
30㎠

4 〈平行四辺形の底辺と高さ〉

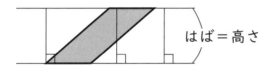

はば＝高さ

まとめ　高さが図形の中にあるときも，中にないときも面積は「底辺×高さ」で求められる。

---

3 ⓐ〜ⓔの方法でも使っている長さは何 cm か確かめよう

C　5㎝はどれにも共通しています。これは，平行四辺形の底辺の長さです。

C　ⓐとⓑはどちらも6㎝を使っています。

T　ⓦやⓔはどうですか。

> ⓦは「×2」をして「÷2」をしているからこれも5×6になります
>
> ⓔも 3×2＝6だから，まとめると5×6になる。こうみると，全てが5×6の式になるから，高さは6cmということだね

T　このように高さが平行四辺形の外側にある場合も『面積＝底辺×高さ』の公式が使えます。

C　式は，$5 × 6 = 30$ で 30cm^2 になります。

4 平行四辺形の底辺と高さの関係をまとめよう

T　高さは必ず平行四辺形の中にあるとは限らないことがわかりましたね。そのときは，どこを『高さ』と見たらよいかを図を見てまとめましょう。

> 斜めの線の長さではなく、「底辺に垂直な線」です

はば＝高さ

> 「底辺とその向かいの辺の間を垂直にとった長さ」を高さとします

T　高さを2つの辺の間の長さ，つまり『幅』と考えると，高さはどこをとっても同じになりますね。

学習のまとめをする。

ふりかえりシートが活用できる。

第 **4** 時 **平行四辺形の
底辺と高さと面積の関係**

本時の目標 ｜ 平行四辺形の底辺や高さから面積を比べることができる。また，平行四辺形の面積から底辺や高さを求めることができる。

板書例

平行四辺形の面積を比べよう

1 〈ア，イ，ウを比べよう〉

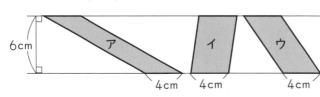

どれも

底辺　4cm　高さ　6cm
$4 × 6 = 24$
$24cm^2$

2 〈底辺が 8cm の面積〉

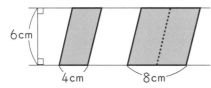

・$8 × 6 = 48$　　$48cm^2$
・24㎠の 2 つ分
・底辺が 2 倍→面積も 2 倍

まとめ
・どんな形の平行四辺形でも，底辺の長さと高さが等しければ
　面積も等しくなる。
・高さが等しい平行四辺形では，底辺が 2 倍になると，面積も
　2 倍になる。

POINT 公式の便利さが感じられるようにしましょう。また，実際に計算をして答えを求めることでも納得できますが，どうしてそ

1 ア～ウの平行四辺形の面積を比べよう

T　ア～ウの平行四辺形を面積の広い順に言いましょう。
C　アは細長いね。見た感じはウがいちばん広そうだ。
C　でも，どれも $4 × 6 = 24$　面積は同じだよ。
C　計算しなくても面積は同じだとわかるよ。

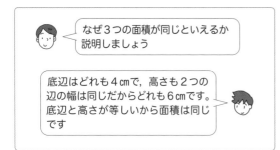

なぜ3つの面積が同じといえるか
説明しましょう

底辺はどれも 4cm で，高さも 2 つの
辺の幅は同じだからどれも 6cm です。
底辺と高さが等しいから面積は同じ
です

C　面積を求める公式は，「底辺×高さ」だから底辺
　と高さが同じであれば面積も同じだね。

2 底辺の長さが2倍になると面積は何倍に
なるか考えよう

T　方眼ノートを使って，底辺 4cm，高さ 6cm の平行
　四辺形をいくつかかいてみましょう。
C　いくつでも面積の等しい平行四辺形がかけるね。
T　では，今かいた平行四辺形の底辺を 8cm にしたら
　面積はどうなるでしょう。
C　高さは 6cm だから，$8 × 6 = 48$ で $48cm^2$ です。
C　底辺 4cm の平行四辺形の面積 24㎠を使っても求
　められます。
T　なぜ，$24cm^2$ を使って求められるのですか。

底辺 4cm の平行四辺形が 2 つ分にな
るからです。
高さは同じで，底辺だけが 2 倍に
なっているから面積も 2 倍です

学習のまとめをする。

準備物　QR 板書用図　QR ふりかえりシート

ICT　スライド機能を使って高さが同じ平行四辺形を作って配信すると、高さを変えずに図を変形させることで、高さと面積の関係を掴みやすくなる。

3 〈辺 AB を底辺としたときの高さ〉

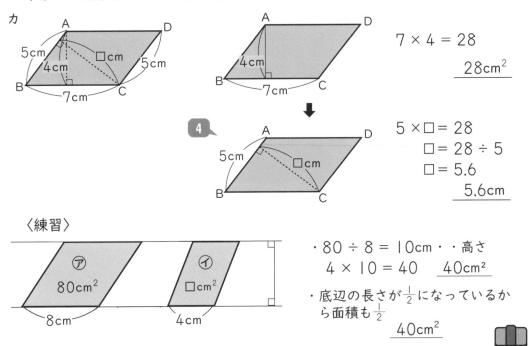

カ

$7 \times 4 = 28$

$\underline{28cm^2}$

4

$5 \times \square = 28$
$\square = 28 \div 5$
$\square = 5.6$

$\underline{5.6cm}$

〈練習〉

$\cdot 80 \div 8 = 10cm \cdot \cdot$ 高さ
$4 \times 10 = 40$　$\underline{40cm^2}$

$\cdot$ 底辺の長さが $\frac{1}{2}$ になっているから面積も $\frac{1}{2}$

$\underline{40cm^2}$

うなるかを言葉で説明できるようにしましょう。

3 平行四辺形の面積から高さを求めよう

T　平行四辺形カで, 辺 AB を底辺としたときの高さは何cmですか。

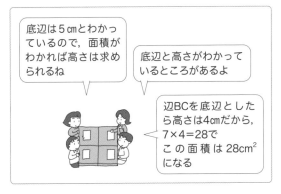

底辺は 5 cmとわかっているので, 面積がわかれば高さは求められるね

底辺と高さがわかっているところがあるよ

辺BCを底辺としたら高さは4cmだから, $7 \times 4 = 28$ でこの面積は 28cm² になる

　この問題の難しさは, 2 段階で考えるところ。板書のように 2 つの平行四辺形でそれぞれの段階で必要な数値のみを示すと, 順を追って求めることができるようになる。

4 平行四辺形の高さをどうやって求めたか発表しよう

C　平行四辺形の面積は, $7 \times 4 = 28$ で 28cm² です。辺 AB を底辺とすると, $5 \times \square = 28$ だから, $28 \div 5 = 5.6$ 高さは 5.6cmになります。

　板書の 2 つの平行四辺形の図を使って確認する。

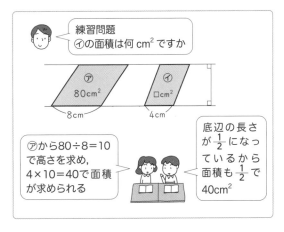

練習問題
㋑の面積は何 cm² ですか

㋐から $80 \div 8 = 10$ で高さを求め, $4 \times 10 = 40$ で面積が求められる

底辺の長さが $\frac{1}{2}$ になっているから面積も $\frac{1}{2}$ で 40cm²

ふりかえりシートが活用できる。

第 5 時
三角形の面積

本時の目標　三角形の面積の求め方を考え，その考え方を図や言葉で表すことができる。

板書例

三角形の面積の求め方を考えよう

1

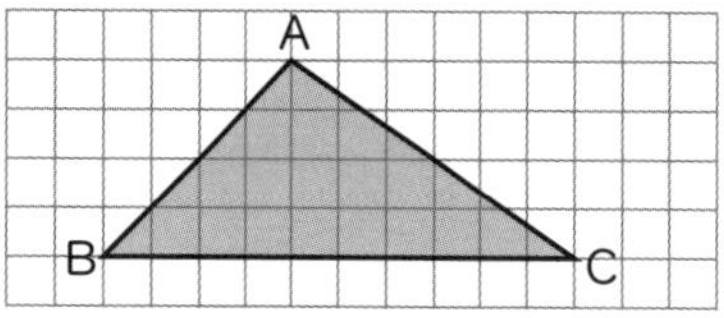

2 〈工夫したことを発表しよう〉

㋐の考え

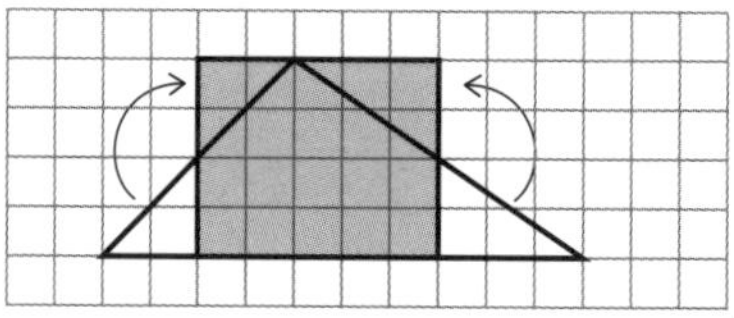

4 × (10 ÷ 2) = 20　　20cm²

㋑の考え

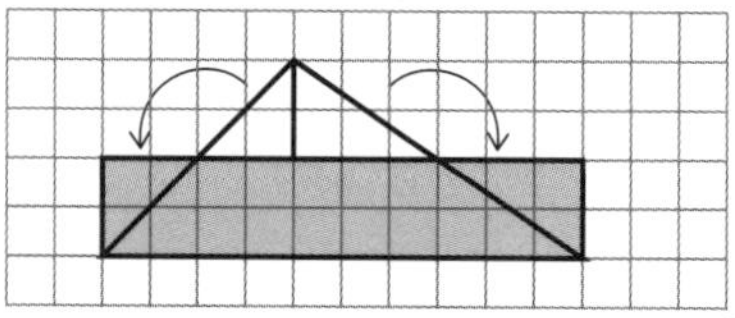

(4 ÷ 2) × 10 = 20　　20cm²

㋒の考え

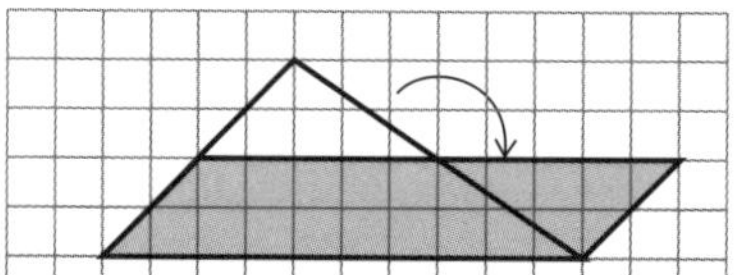

10 × (4 ÷ 2) = 20　　20cm²

[POINT] 平行四辺形は長方形に変身しました。では，三角形も長方形や平行四辺形に変身できるのか？子どもたちが自由に楽しく操

1 三角形はどんな形に変形できるか，やってみよう

T　方眼紙にかかれた三角形を平行四辺形のときのようにはさみで切って移動させたり，三角形を2つ合わせたりして面積の求められる形に変えてみましょう。

平行四辺形のときは，長方形に形を変えて面積を求めたね

平行四辺形にしても面積は求められるね

三角形も長方形に形を変えられるかな

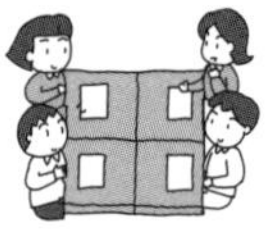

子どもたちには，間違ってもよいことを伝え，試行錯誤しながら楽しんでできるように配慮する。基本はひとりひとりの作業になるが，隣同士やグループで交流し，全員が解決できるようにする。

2 どのようにして求めたのか説明をしよう

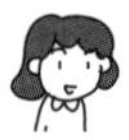

方眼の線に沿って縦に切った２つの三角形を下に移し，縦 2cm横 10cmの長方形に形を変えました　(㋑)

方眼の線に沿って横に切った三角形を下に移し，底辺 10cm高さ 2cmの平行四辺形に形を変えました。(㋒)

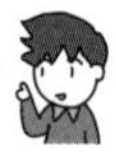

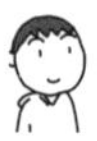

三角形を２つ使いました。１つの三角形を逆さにしてもう１つの三角形に合わせて，底辺 10cm高さ 4cmの平行四辺形にしました。三角形２つ分の面積がわかったので，２でわりました。(㋔)

教師は，見てまわりながら，どの子も工夫して求めようとした頑張りを認めることが大切。そして，考え方が違う子を数人選んでおく。

準備物	・はさみ ・のり ・三角定規
	QR 板書用図　・方眼黒板
	QR ワークシート
	QR ふりかえりシート

I C T	板書用図（三角形）を配信すると、子どもは面積の求め方で工夫したことを記入して考えを全体共有しやすくなり、対話的に様々な工夫に迫ることができる。

㋤の考え

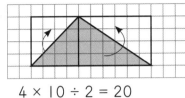

$4 × 10 ÷ 2 = 20$

<u>　20cm²</u>

㋪の考え

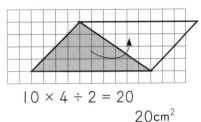

$10 × 4 ÷ 2 = 20$

<u>　20cm²</u>

3

〈どの考え方や式にも共通していること〉

① ÷2 をしている　② 長方形や平行四辺形にしている

③ 10cm（底辺）と 4cm（高さ）を使っている

4

まとめ

・三角形の面積は長方形や平行四辺形に変形すれば求められる。

・底辺と高さをかけている。

・「÷2」（半分に）している。

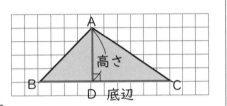

作活動ができるようにしましょう。

3 考え方や式で共通しているところを見つけよう

　数人の子に発表してもらう。教師が画用紙を切ったり動かしたりして，発表がよく伝わるように補助する。

Ｔ　みんなが求めた方法で共通していることはありますか？

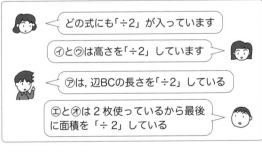

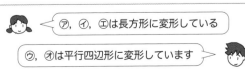

4 三角形の面積を求めるのには，どこの長さがわかったらいいか，まとめよう

Ｔ　三角形にも『底辺』と『高さ』があり，底辺と高さは垂直の関係になっています。辺 BC を底辺とすると高さは線 AD になります。

　三角定規を使って底辺に垂直な線をひく。

Ｔ　三角形の面積を求めるとき，必要な長さの辺に赤線をひいてみましょう。

学習のまとめをする。
ふりかえりシートが活用できる。

三角形の求積公式

本時の目標 | 三角形の面積の求める公式を考え出し，公式を使って面積を求めることができる。

板書例

三角形の面積の求める公式を考えよう

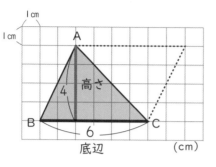

1

三角形 ABC の面積

$6 × 4 = 24$

$24 ÷ 2 = 12$ ____$12cm^2$

▼

2

$6 × 4 ÷ 2 = 12$

┊ ┊

底辺 × 高さ ÷ 2

△ は ▱ の面積 ÷ 2

まとめ
> 三角形の面積＝底辺×高さ÷2
> （平行四辺形の面積÷2）

POINT 前時の子どもたちの操作活動を生かして公式づくりをしましょう。底辺の位置が変わっても高さが見つけられるように，

1 三角形ABCの面積を求めてみよう

T 三角形 ABC の面積を『三角形を2つ合わせて平行四辺形にする考え』を使って求めてみましょう。

> 平行四辺形にすると，底辺は辺BCで6cm，高さは4cmだから，6×4＝24 平行四辺形の面積は24cm²だね

> 三角形の面積はその半分だから「÷2」をしないといけないね。24÷2で12cm²です

T 1つの式に表してみましょう。
C $6 × 4 ÷ 2 = 12$ です。

平行四辺形の底辺にあたる長さは三角形でも「底辺」ということ，平行四辺形の高さにあたる長さは，三角形の場合も「高さ」ということをここで再度説明する。

2 三角形の面積を求める公式をつくろう

T 「6×4÷2」を言葉の式で表してみましょう。
C 「底辺×高さ÷2」になります。
T 三角形の面積を求める公式は，『底辺×高さ÷2』です。前の時間に自分が考えた形にも，この公式があてはまるか調べてみましょう。

前時㋑ 前時㋒
 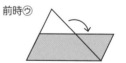

> 高さを半分にしているから，「高さ÷2」になるよ
> 底辺×（高さ÷2）で（ ）を外すと，「底辺×高さ÷2」になっているね

他の考え方も公式に結びつけてみる。

学習のまとめをする。

準備物	・方眼黒板　・三角定規 [QR] 板書用図 [QR] ワークシート [QR] ふりかえりシート

ICT	スライド機能を使って三角形における高さを表した図を作って配信すると、子どもたちは高さを表す直線を平行移動させることで、高さの意味を掴みやすくなる。

3 〈高さを見つけよう〉

①
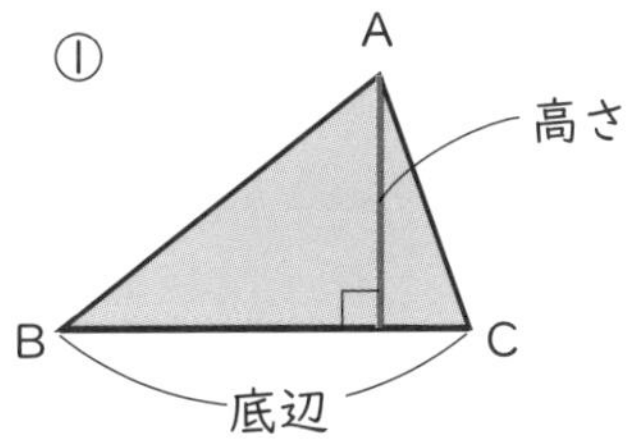

A
高さ
B
C
底辺

②
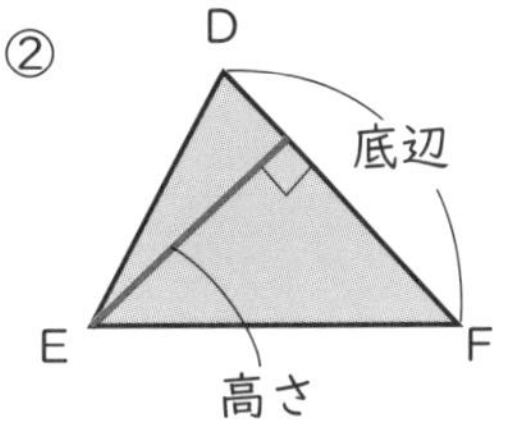

D
底辺
E
F
高さ

4 〈面積を求めよう〉

㋐
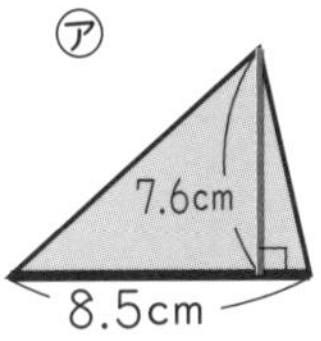

7.6cm
8.5cm

$8.5 \times 7.6 \div 2 = 32.3$

32.3cm^2

㋑
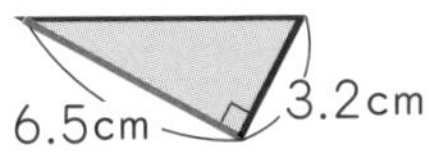

6.5cm
3.2cm

$3.2 \times 6.5 \div 2 = 10.4$

10.4cm^2

㋒
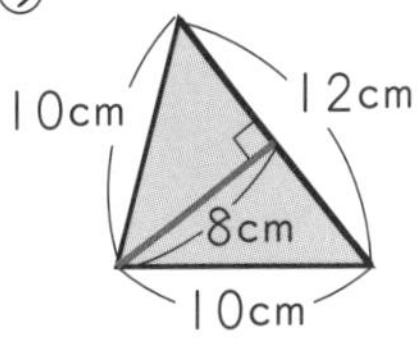

10cm
12cm
8cm
10cm

$12 \times 8 \div 2 = 48$

48cm^2

底辺と高さの関係をしっかりとらえられるようにしましょう。

3 三角形の底辺に対する高さを見つけよう

T　三角形の面積を求めるには底辺と高さが必要ですね。底辺と高さはどんな関係でしたか。

T　垂直です。

T　次の三角形で底辺に対する高さをそれぞれ見つけましょう。底辺は下にあるとは限りません。

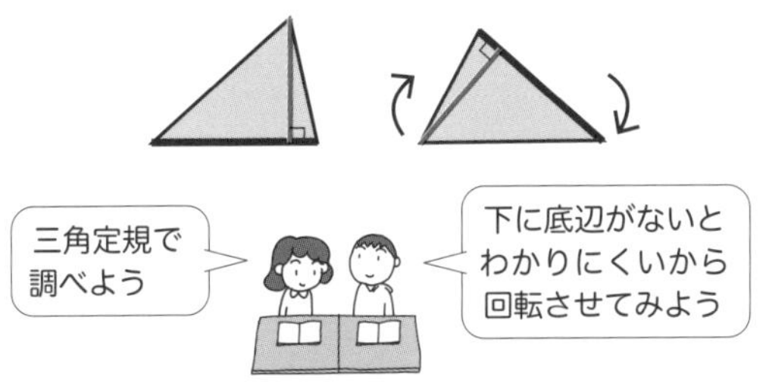

三角定規で調べよう
下に底辺がないとわかりにくいから回転させてみよう

T　高さには赤い線をひき，直角の印をつけましょう。

1つの図で底辺の位置を変更して高さをかかせると混乱してしまう子がいる。1つの三角形で1つの問題にする。

4 公式を使って三角形の面積を求めよう

T　「底辺」には鉛筆で太線を引き，「高さ」には，赤い線をひきましょう。

㋐　基本的な問題　長さが小数

㋑　横向きの直角三角形

㋒　底辺が下になく，求積に不必要な辺の長さが書かれている。

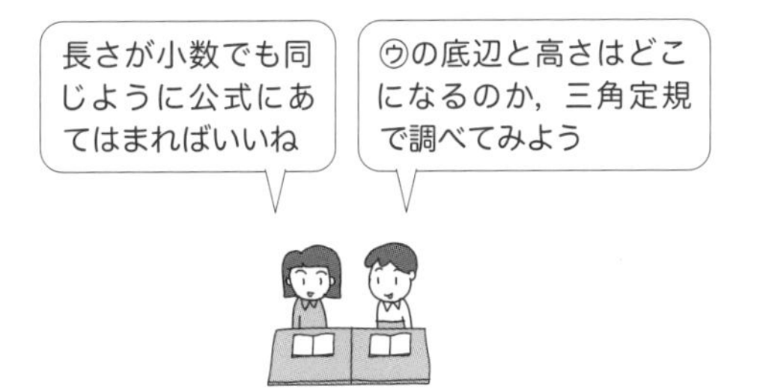

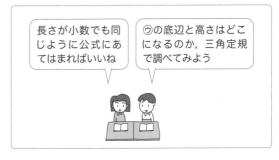

長さが小数でも同じように公式にあてはまればいいね
㋒の底辺と高さはどこになるのか，三角定規で調べてみよう

ふりかえりシートが活用できる。

三角形の高さ

本時の目標　三角形の高さが外にある場合も，高さは頂点から底辺に向かう垂直な直線の長さであることに気づき，公式を使って面積を求めることができる。

板書例

三角形の高さを見つけて面積を求めよう

1

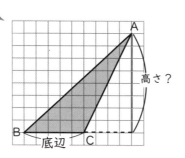

高さはどこ？

底辺　5cm としたら

高さ　<u>8cm</u> でいいのか？

2

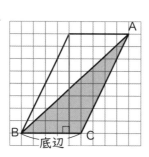

㋐ 2 つ合わせて平行四辺形

式

$$5 \times 8 \div 2 = 20$$

<u>20cm^2</u>

2 つ合わせた面積だから ÷ 2 をする。

POINT　平行四辺形で「高さ」が外にある場合の求め方をすでに学習しています。それと関連づけながら，子どもたち自身で解決で

---

1 三角形ABCの高さはどこにあるか見つけよう

ワークシートが活用できる。

T　底辺を BC として三角形の面積を求めましょう。

C　三角形の面積は底辺の長さと高さがわかれば，公式を使って求められるね。

C　底辺は 5 cm で，高さは三角形のてっぺんから底辺まで垂直な直線をひくと…あれ？図形の外側に線が引けてしまったよ。

> 平行四辺形でも高さは外にあるときがあったから，高さは底辺に垂直な直線の 8cm でいいと思うよ

> 本当に「高さ」がここでいいのか確かめられないかな。

平行四辺形と同じように，底辺から離れたところに「高さ」があることはなかなか理解しづらいので，話し合って考える時間を十分にとりたい。

2 三角形ABCの高さが8cmか，確かめよう

T　確かめ方を考えましょう。

C　平行四辺形のとき，高さが図の中にある形に変えて考えたから，三角形も高さが中にある形に変えてみたらどうだろう。

T　どんな形に変えて高さを確かめることができるかグループで考えましょう。

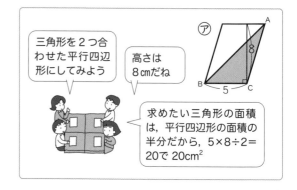

> 三角形を 2 つ合わせた平行四辺形にしてみよう

> 高さは 8cm だね

> 求めたい三角形の面積は，平行四辺形の面積の半分だから，5×8÷2＝20で 20cm^2

準備物	・方眼黒板 [QR] 板書用図 [QR] ワークシート [QR] ふりかえりシート

ICT	スライド機能を使って三角形の高さを表した図を作って配信すると、子どもは高さを表す直線を平行移動させることで、高さの位置を見つけやすくなる。

3 ㋑(三角形)－(三角形)

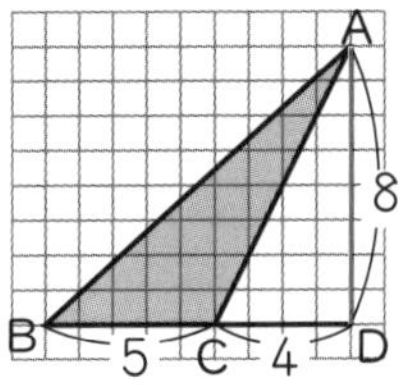

三角形 ABD 9×8÷2

三角形 ACD 4×8÷2

式

(9 － 4) × 8 ÷ 2 = 20

20cm²

㋒底辺を 2 倍にする

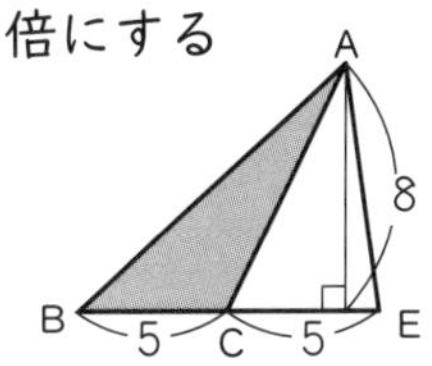

(10×8÷2) －(5×8÷2) =5×8÷2
=20

20cm²

4 〈三角形の高さとは〉

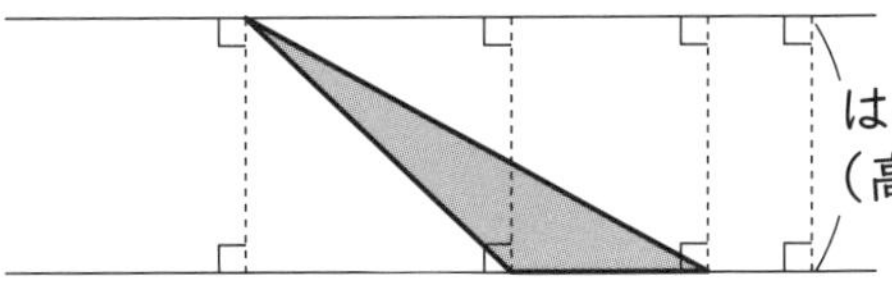

まとめ

高さが図形の中にあるときも，外にあるときも，
面積は「底辺×高さ÷ 2」で求められる。

きるようにしましょう。

3 他の考え方も聞いてみよう

三角形 ABD から三角形 ACD の面積をひいて考えました。
(9×8÷2) －(4×8÷2)
＝(9−4) ×8÷2
＝5×8÷2＝20
高さはやっぱり
8㎝です

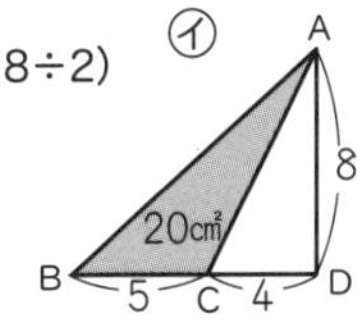

底辺の長さを2倍にして，
三角形 ABE をつくりました
三角形 ABE から三角形 ACD
をひいて考えました
(10×8÷2) －(5×8÷2)
＝5×8÷2＝20
高さは8㎝です

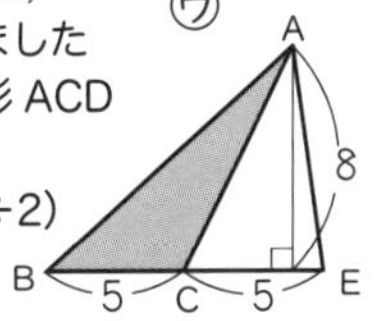

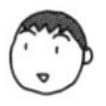

T どの考えも 5 × 8 ÷ 2 の式で高さは 8 ㎝でした。この三角形の高さは 8 ㎝で正しいことがわかりましたね。

4 三角形の高さの考え方をまとめよう

T 三角形の高さは，底辺をのばした直線と，頂点を通り底辺に平行な直線との幅と考えることができます。高さが図形の中にあるときも，中にないときも，面積は「底辺×高さ÷ 2」で求めることができます。

学習のまとめをする。

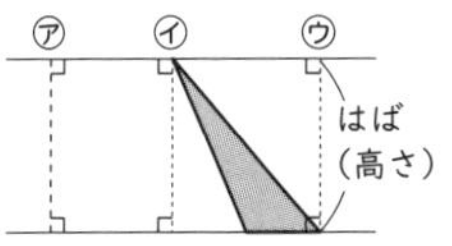

この２本の直線の間ならどこでも幅は等しいから，高さを表す直線は何本でもひけるね

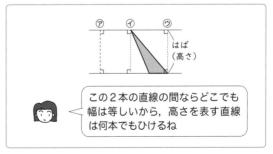

右図のように頂点から五円玉を糸でつるしたらどうなるかなどをイメージして高さを見つけることもできる。
ふりかえりシートが活用できる。

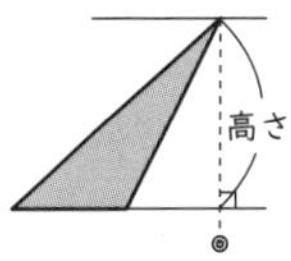

三角形の底辺と高さと面積の関係

板書例

三角形の面積を比べよう

1

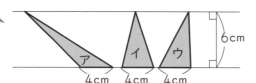

ア，イ，ウは，底辺と高さは同じ

底辺　4cm　　高さ　6cm

$4 × 6 ÷ 2 = 12$　　12cm²

> 底辺と高さが等しければ面積も等しい。

2

〈キの面積の求め方を考えよう〉

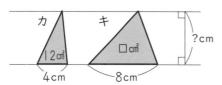

①高さを求めてから面積を求める

高さは？　カ…$4 × □ ÷ 2 = 12$

　　　　　　　　　$□ = 12 × 2 ÷ 4$

　　　　　　　　　$□ = 6$　　　6cm

キの面積　…$8 × 6 ÷ 2 = 24$　　24cm²

②底辺が2倍だから，面積も2倍

$12 × 2 = 24$　　24cm²

POINT　実際に計算して答えを求めて比べることも認めながら，公式を活用して考えを組み立てる便利さを味わわせたい。なぜそう

1　ア〜ウの三角形の面積を比べよう

> ア〜ウの面積を計算して求めてみよう

> 計算しなくても数字を見ただけでわかる

> 平行四辺形は底辺と高さが等しければ面積も等しかったよ

T　三角形ア〜ウの面積を比べてみて，わかったことをノートにまとめましょう。

C　底辺と高さが等しい三角形は面積も等しい。

C　どんな形でも底辺と高さが同じであれば面積も同じである。

　　平行四辺形でも同じ学習をしているため，ここでは自分の言葉でまとめる活動をして理解を深めたい。

2　キの三角形の面積を求めよう

C　底辺は8cmだけど，高さがわからないな。

C　カとキの三角形の高さは同じだから，カから高さを求めたらいいんじゃないかな。

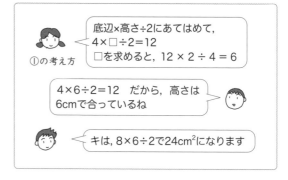

①の考え方
> 底辺×高さ÷2にあてはめて，$4 × □ ÷ 2 = 12$　□を求めると，$12 × 2 ÷ 4 = 6$

> $4 × 6 ÷ 2 = 12$　だから，高さは6cmで合っているね

> キは，$8 × 6 ÷ 2$で24cm²になります

C　三角形キは，三角形カの底辺の長さだけが2倍だから面積も2倍だと思います。（②の考え方）

　　底辺や高さとの比例関係は単元末に学習する。比例関係の考えが出れば紹介してもよい。

準備物
・方眼黒板
QR 板書用図
QR ワークシート
QR ふりかえりシート

ICT　スライド機能を使って高さが同じ三角形を作って配信すると、子どもは高さを変えずに図を変形させることで、高さと面積の関係を掴みやすくなる。

3 〈辺 AB を底辺としたときの高さを求めよう〉

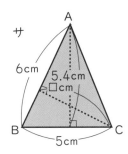

面積を求める

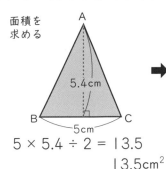

$5 × 5.4 ÷ 2 = 13.5$
　　　　　$13.5cm^2$

高さを求める

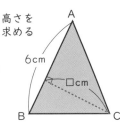

$6 × □ ÷ 2 = 13.5$
$□ = 13.5 × 2 ÷ 6$
$□ = 4.5$
　　　　$4.5cm$

4 〈問題に挑戦しよう〉

ア，イ，ウの三角形の面積が等しいわけ

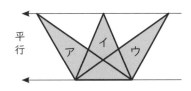

平行

面積が等しい三角形を見つけよう

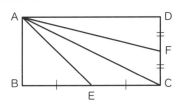

なるのか，ことばで説明できるように指導していきたい。

---

3 サの三角形で，ABを底辺としたときの高さを求めよう

底辺の長さがわかっているので，この三角形の面積がわかれば高さを求められるね

ほかの底辺と高さを使って面積を求められそうだね

C　面積は，$5 × 5.4 ÷ 2 = 13.5$ で $13.5cm^2$ だね。

C　底辺を AB とすると $6 × □ ÷ 2 = 13.5$ で，
$13.5 × 2 ÷ 6 = 4.5$　高さは 4.5cm になります。

　この問題の難しさは，平行四辺形の場合と同じように，まずは「面積」，それから「高さ」というように2段階で考えないといけないところ。板書のように，三角形を2つかき，それぞれの段階で必要な数値だけを示すようにすれば理解しやすくなる。

4 問題に挑戦しよう

ア，イ，ウの3つの三角形の面積が等しいわけを説明しましょう
ノートに自分の言葉で書いてみましょう

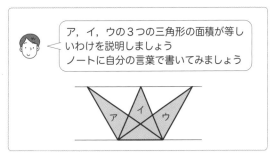

　図形ならではのおもしろい問題でもある。みんなで話し合いながら解決していく楽しさを味わわせたい。

　長方形 ABCD の中から面積の等しい三角形を見つけて，等しいわけを説明しましょう。

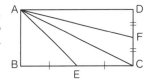

　ふりかえりシートが活用できる。

第9時
台形の面積

本時の目標　台形の面積の求め方を考え，求め方を図や言葉で表すことができる。

板書例

台形の面積の求め方を考えよう

1

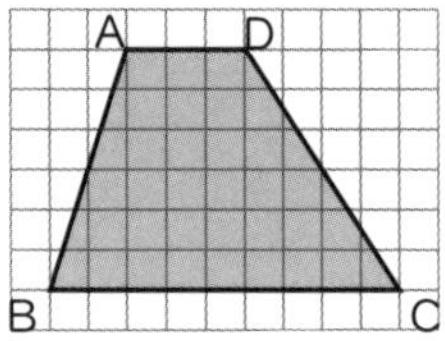

A
D
B
C

2　3

㋐ 長方形にする

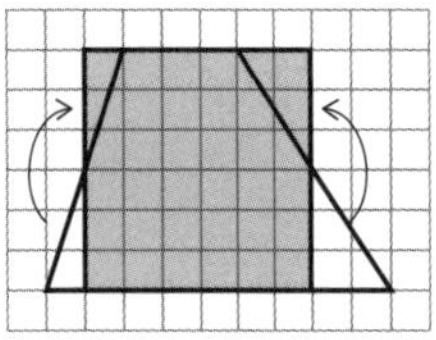

$6\times6=36$

36cm²

㋑ 平行四辺形にする

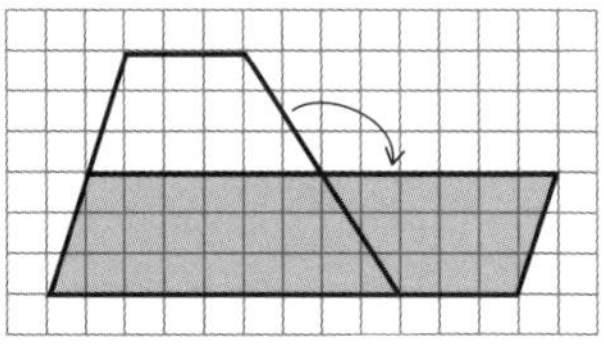

$9+3=12$
$6\div2=3$
$12\times3=36$

36cm²

㋒ 2つの三角形に分ける

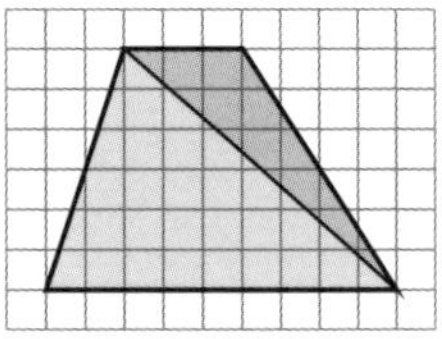

$9\times6\div2=27$
$3\times6\div2=9$
$27+9=36$

36cm²

[POINT] 子どもたちが自由に多様な発想で考え，試行錯誤できるようにワークシートは１人につき複数枚用意しておきましょう。

1 台形の面積を求めてみよう

方眼にかかれた台形のワークシートを配る。

C　平行四辺形や三角形のときのように，面積を求められる形に変えたらいいんだね。

C　平行四辺形，三角形，長方形，のどれかに変えられたら面積を求めることができるね。

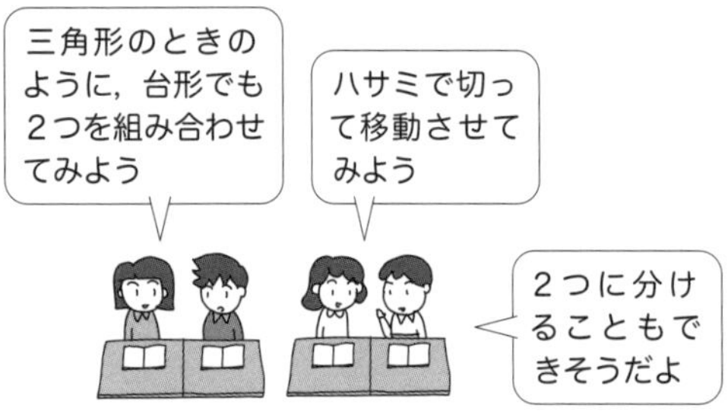

三角形のときのように，台形でも２つを組み合わせてみよう
ハサミで切って移動させてみよう
２つに分けることもできそうだよ

T　１つできた人は他の方法も考えてみよう。

試行錯誤しながら楽しんでできるようにする。隣同士やグループで交流し，全員が解決できるようにしたい。

2 自分の考え方を説明できるようにしよう

方眼の線に沿って，縦に切った２つの三角形を上に移し，長方形に変えました（㋐）

方眼の線に沿って，横に半分に切った台形を下に移し，平行四辺形にしました　（㋑）

線 AC で切って２つの三角形に分けました　（㋒）

台形の一部を切って移動させ，三角形に形を変えました　（㋓）

台形を２枚使い，１つの台形を逆さにしてもう１つの台形の横に合わせて，平行四辺形にしました　（㋔）

教師は求め方の違う子を数人選んで，発表ができる準備をさせておく。

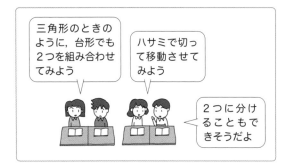

㋓ 1つの三角形にする

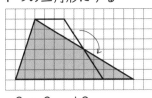

$9 + 3 = 12$
$12 × 6 ÷ 2 = 36$
    $36cm^2$

㋔ 2つ合わせて平行四辺形

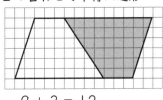

$9 + 3 = 12$
$12 × 6 = 72$
$72 ÷ 2 = 36$
        $36cm^2$

まとめ　台形の面積は長方形や平行四辺形、三角形に変形すれば求められる。
どの求め方でも「÷ 2」（半分に）している。（長方形にするとき以外）

4　〈台形の面積を求めるのに使われる長さ〉

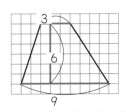

そして、なるべく子どもたちの多様な考えが生かされるように展開しましょう。

3　発表を聞いて、友だちの考えの良さを知ろう

　考え方がよく伝わるように、教師や同じグループ
のメンバーが板書で図形を動かすなどの補助をする。
　それぞれの考え方の良さに気づき、お互いが認め合えるよ
うにする。

> 長方形、平行四辺形、三角形、いろいろな形に変えることができたね

> 三角形に分ける方法は、どんな四角形でも使えそうだ

> 面積はどれも36cm²になったね

C　台形を2枚使う考えは、三角形のときにも使った
　考え方だね。切ったりしなくていいので大きさを間
　違えずにできそうだよ。

　　学習のまとめをする。

**4　台形の面積を求めるのに必要な長さは
どこか、まとめよう**

C　式によく出てくるのは、9㎝、3㎝、6㎝だね。

> これらの長さは、台形のどの長さですか

> 9㎝は辺BC
> の長さです

> 3㎝は辺AD
> の長さです

> 6㎝は上と下
> の間の長さです

C　㋐以外は「÷ 2」がどれも入っているよ。

C　台形の面積は、上の辺、下の辺、上下の辺の間の
　長さがわかれば求められそうだね。

　　ふりかえりシートが活用できる。

第10時
台形の求積公式

[本時の目標] 台形の面積を求める公式を考え出し，公式を使って面積を求めることができる。

板書例

台形の面積の求める公式をつくろう

[1]

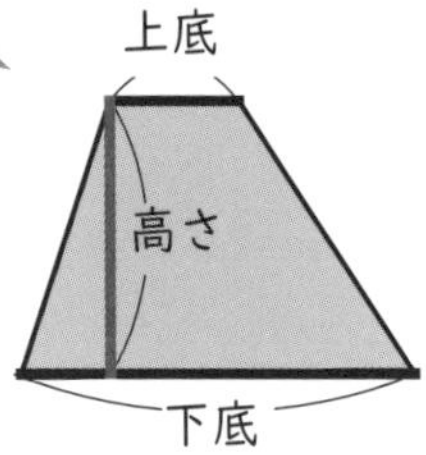

上底
高さ
下底

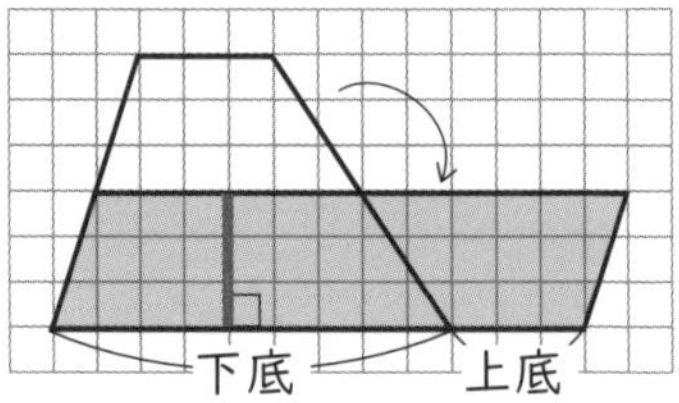

下底
上底

（9 + 3）×（6 ÷ 2）= 36

36cm²

[2]

平行四辺形の面積　=　底辺　×　高さ

↓　↓

台形の面積　=（上底＋下底）×（高さの半分）

=（上底＋下底）×（高さ÷ 2）

公式

台形の面積＝（上底＋下底）×高さ÷2

[POINT] 前時の子どもたちの操作活動を生かして公式づくりをしましょう。1つだけでなく，いくつかの考え方を公式に結びつけて

1 前時をふりかえって台形の面積を求めよう

T　前時では，台形の形を変えて面積を求めました。そのときに台形のどこの長さを使いましたか。

C　上と下の辺の長さ，そして，その間の長さです。

T　台形の平行な2つの辺をそれぞれ「上底」「下底」といい，上底と下底に垂直な直線の長さを「高さ」といいます。

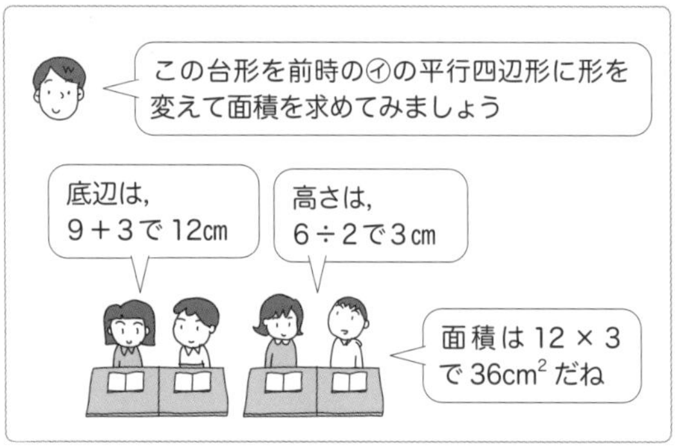

この台形を前時の㋑の平行四辺形に形を変えて面積を求めてみましょう
底辺は，9＋3で 12㎝
高さは，6÷2で3㎝
面積は 12 × 3 で 36cm² だね

公式に導くための台形の変形は，これに限らず，前時の操作活動の中でいちばん支持多かったものにするのが良い。

2 台形の面積を求める公式をつくろう

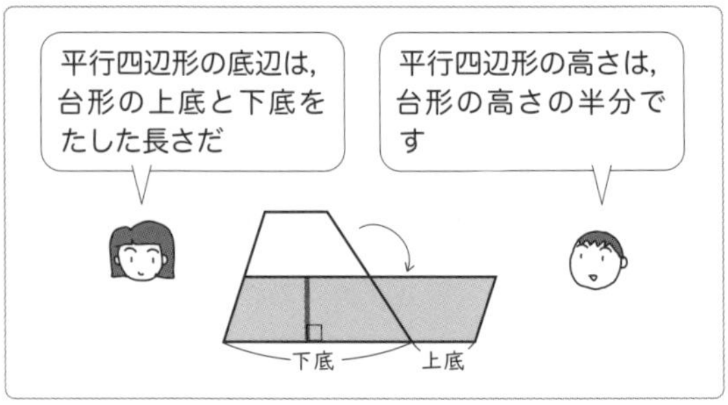

平行四辺形の底辺は，台形の上底と下底をたした長さだ
平行四辺形の高さは，台形の高さの半分です
下底
上底

T　台形の面積の求め方を言葉の式でまとめてみよう。

平行四辺形の面積 =　[底辺]　×　[高さ]

↓　↓

台形の面積 =　[（上底＋下底）]　×　[高さの半分]

↓　↓

=（上底＋下底）×　高さ÷ 2

T　公式に数字をあてはめて面積を求めましょう。

C　（3＋ 9）× 6 ÷ 2 = 36　　36c m² です。

準備物	・方眼黒板 [QR] 板書用図 [QR] ふりかえりシート

ICT	スライド機能を使って台形の高さを表した図を作って配信すると、子どもは高さを表す直線の長さを変えることで、面積を求め方やその意味を掴みやすくなる。

3 〈他の方法でも公式はあてはまるだろうか〉

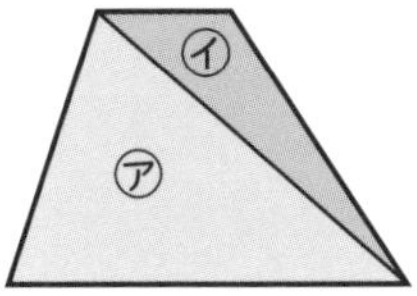

㋐ $9 \times 6 \div 2$
㋑ $3 \times 6 \div 2$

$(9 \times 6 \div 2) + (3 \times 6 \div 2)$
$= (9 + 3) \times 6 \div 2$

まとめ　台形の面積＝（上底＋下底）×高さ÷2

4 〈公式を使って面積を求めよう〉

①

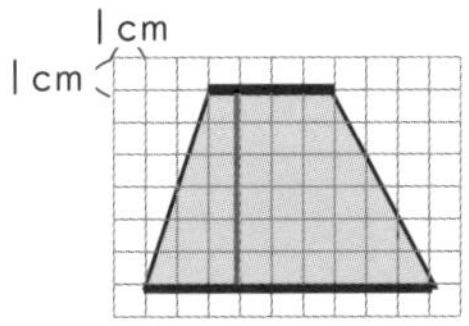

式　$(4 + 9) \times 6 \div 2 = 39$

39cm^2

②

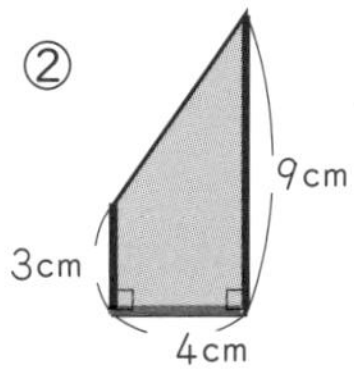

式　$(3 + 9) \times 4 \div 2 = 24$

24cm^2

すると，子どもによってストンと腑に落ちる場合があるようです。

3 他の考え方でも公式があてはまるか，確かめよう

T　三角形に分けて面積を求めた人もいましたね。これも「(上底＋下底）×高さ÷２」の公式にあてはまるでしょうか。前時の㋒から考えてみましょう。

㋐の三角形　$9 \times 6 \div 2$
㋑の三角形　$3 \times 6 \div 2$
1つにすると
$(9 \times \underline{6 \div 2}) + (3 \times \underline{6 \div 2})$　同じだからまとめる
$(9 + 3) \times 6 \div 2$
↓　言葉の式にすると
（上底＋下底）×　高さ÷２

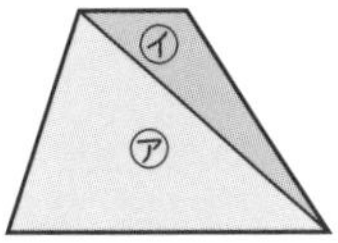

どの方法からでも，上記のように数字の式から言葉の式に置き換えて公式につなげられる。また，三角形に分けて求めることができれば，公式を使わなくても台形の面積を求めることができる。

学習のまとめをする。

4 公式を使って台形の面積を求めよう

T　「上底」「下底」「高さ」に印をつけて考えるといいですよ。

①

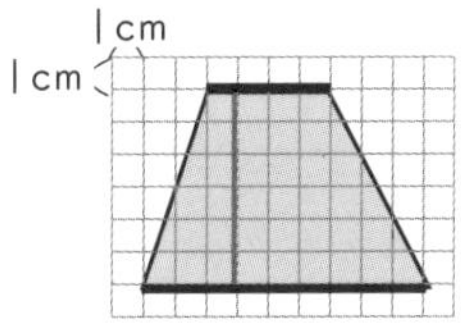

②

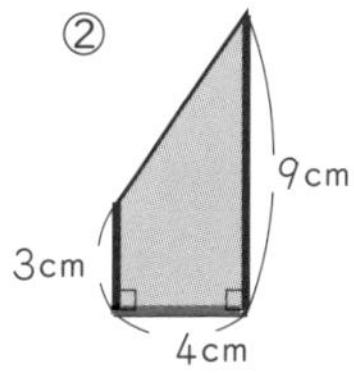

平行な２つの辺を見つけよう
上底と下底は上と下にあるとは限らないね

台形でも，図形の置かれている位置などに惑わされず，「上底」「下底」「高さ」を見つけ出すことが大切。「上底」と「下底」は，台形の平行な２つの辺のことで，台形の上と下にある辺という意味ではないことも伝える。

ふりかえりシートが活用できる。

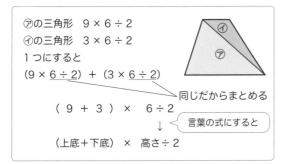

第11時 ひし形の面積

[本時の目標] ひし形の面積の求め方を考え，対角線の長さを使った公式を理解する。

板書例

ひし形の面積の求め方を考えよう

1

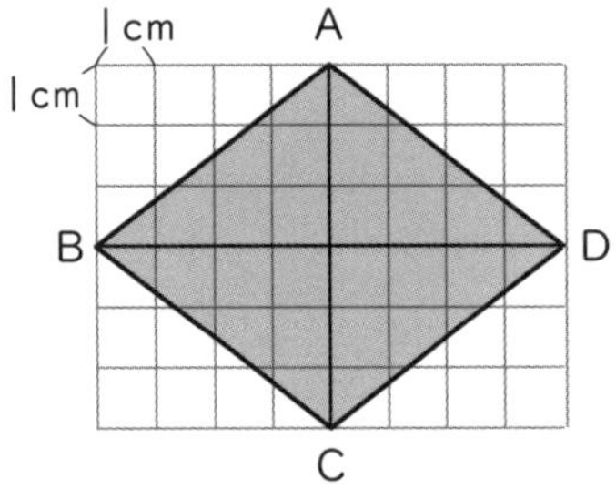

ひし形
- 4つの辺の長さが同じ
- 向かい合う2組の辺が平行
- 対角線が直角に交わる

2

㋐ 2つの三角形に分けて求める

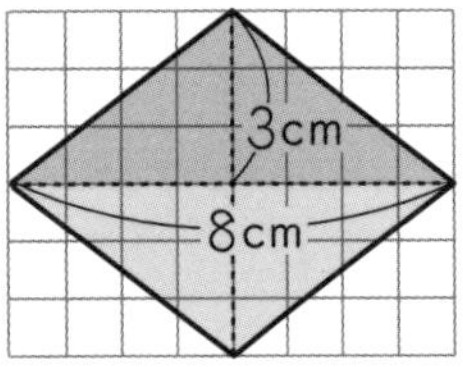

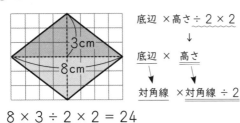

底辺 ×高さ÷2×2
↓
底辺 × 高さ
↓ ↓
対角線 ×対角線 ÷2

8×3÷2×2＝24

24cm²

㋑ 長方形に形を変えて求める

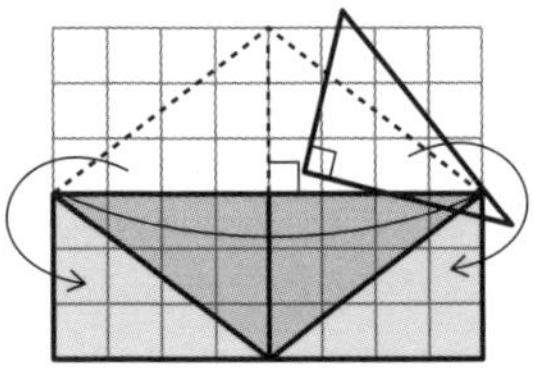

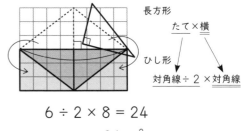

長方形
たて×横
ひし形
対角線÷2×対角線

6÷2×8＝24

24cm²

(POINT) 今までの学習を生かして，公式づくりを子どもたちに任せてみてもよいでしょう。少しだけアドバイスをすれば，子ども

1 ひし形の形を変えて面積を求めよう

T ひし形の面積を求めます。ひし形はどんな形でしたか。ひし形の特徴を3つ言ってみましょう。

C 4つの辺の長さが同じです。

C 向かい合う辺が平行になっています。

C 対角線が垂直に交わっています。

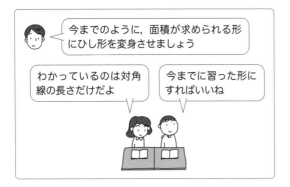

今までのように，面積が求められる形にひし形を変身させましょう

わかっているのは対角線の長さだけだよ

今までに習った形にすればいいね

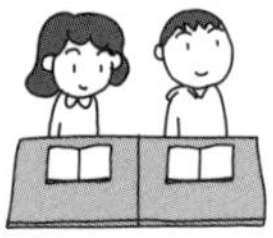

2 工夫して面積を求めた方法をまとめよう

T どのように求めたのか，まとめておきましょう。

ワークシートも活用できる。

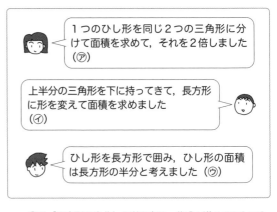

1つのひし形を同じ2つの三角形に分けて面積を求めて，それを2倍しました(㋐)

上半分の三角形を下に持ってきて，長方形に形を変えて面積を求めました(㋑)

ひし形を長方形で囲み，ひし形の面積は長方形の半分と考えました(㋒)

㋒の「長方形の半分」の考え方は，公式へ導くのにとても都合がよいが，無いものをつけ足して考える方法はなかなか思いつくものではない。教師の方からヒントを出してもよい。

準備物
・方眼黒板
[QR] 板書用図
[QR] ふりかえりシート

ICT
スライド機能を使って菱形の対角線を表した図を作って配信すると、子どもたちはそこに線を引くなどして考えを表現しやすくなり、全体共有もしやすくなる。

㋒ 長方形の半分と考えて求める

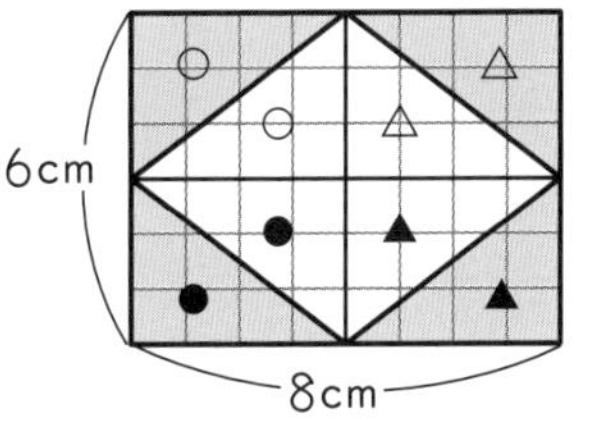
6cm
8cm

たて×横÷2　　　6×8÷2＝24

↓　　↘

対角線×対角線÷2　　　24cm²

3 〈共通していること〉
・三角形や長方形にしている
・対角線の長さを使っている
・÷2をしている

4 まとめ　ひし形の面積＝対角線×対角線÷2

たちなりの公式ができるはずです。

3 考え方や式から気づいたことを話し合おう

求め方がよく伝わるように，教師が図形を動かすなどの補助をする。

T　考え方や式から気づいたことを発表しましょう。

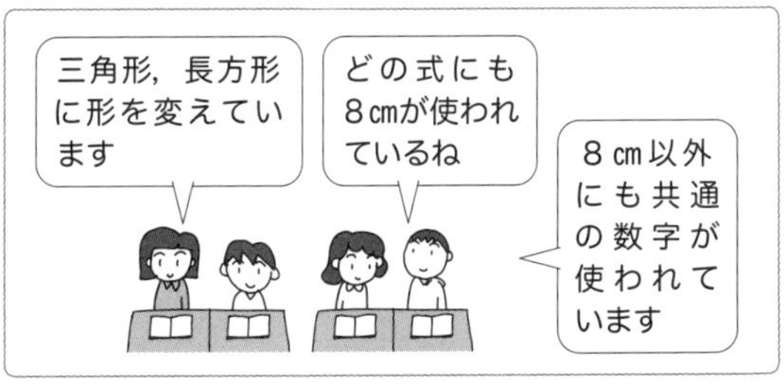
三角形，長方形に形を変えています
どの式にも8cmが使われているね
8cm以外にも共通の数字が使われています

これまでと同じように，多様な操作活動の中から共通して使われている長さや数字に目をつけることが，抽象化して公式へ結びつけることにつながる。既にいくつかの図形の公式を考えているので，子どもたちの方から公式をつくり出そうとする意識も出てくると期待したい。

T　グループで，ひし形の公式を考えてみましょう。

教師が㋐〜㋒のどの考えを使うかを決めておく。

4 公式をつくる考え方を発表しよう

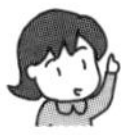

㋐から考えました。言葉の式で表すと，「底辺×高さ÷2×2」で，「÷2，×2」は×1と同じだから，「底辺×高さ」になります。「底辺や高さ」がひし形のどこになるかと考えると，底辺は「1つの対角線」で，高さは「もう1つの対角線の半分」です。公式は，「対角線×対角線÷2」になります

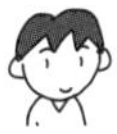

㋑から考えました。言葉の式で表すと，「たて×横」になります。ひし形のどこになるかと考えると，たては「対角線の半分」で横は「もう１つの対角線」です。公式は，「対角線÷2×対角線」になりました

㋒から考えたグループも発表する。すべての公式が「対角線×対角線÷ 2」になることを確認する。教師からのアドバイスはなるべく最小限におさえ，子どもたちだけで公式がつくり出せるよう見守りたい。

ふりかえりシートが活用できる。

第12時 いろいろな四角形の面積

本時の目標
これまでに学習した面積を求める公式を活用して，いろいろな四角形の面積を求めることができる。

板書例

いろいろな四角形の面積を求めよう

[1] ① ひし形

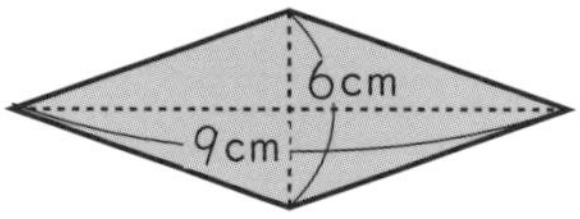

6cm
9cm

6 × 9 ÷ 2 = 27

27cm²

② たこ形

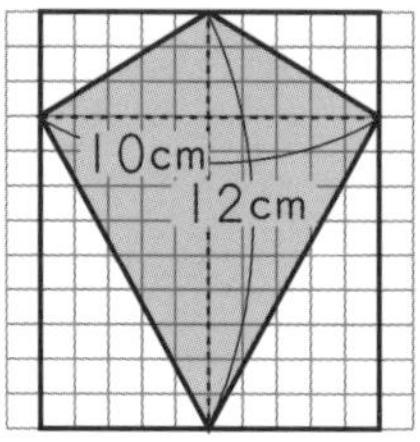

10cm
12cm

10 × 3 ÷ 2 + 10 × 9 ÷ 2 = 60
または
10 × 12 ÷ 2 = 60

60cm²

[2] ③ 凹四角形

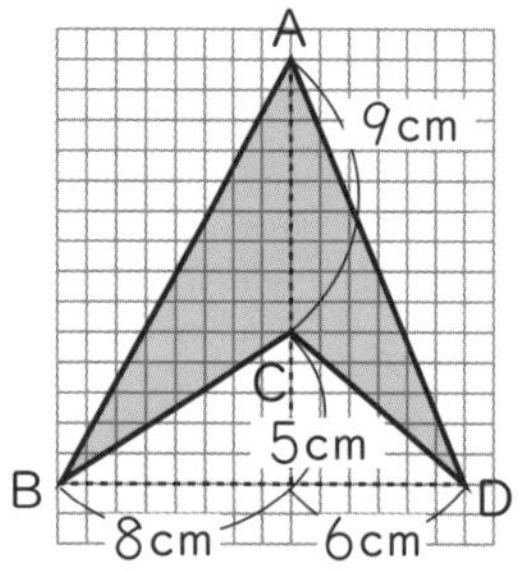

A
9cm
C
5cm
B
D
8cm
6cm

㋐ △ ABD から△ CBD をひく
（8 + 6）×（9 + 5）÷ 2 = 98
（8 + 6）× 5 ÷ 2 = 35
98 − 35 = 63
㋑ AC で 2 つの三角形に分ける
9 × 8 ÷ 2 + 9 × 6 ÷ 2 = 63

63cm²

[POINT] ひし形，たこ形，凹四角形，一般四角形など様々な四角形に挑戦します。ひく，分ける，変形するなど，多様に工夫すれば

1 ひし形・たこ形の面積を求めよう

ワークシートが活用できる。

T　ひし形の面積を求めよう。
C　公式は「対角線×対角線÷２」でした。
C　6×9÷2＝27　27㎠です。
T　ひし形に似たこの形（たこ形）の面積はどうすればば求められますか。

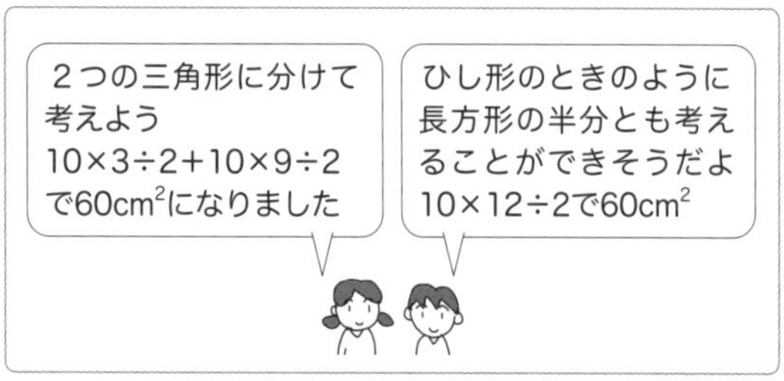

２つの三角形に分けて考えよう 10×3÷2+10×9÷2で60cm²になりました
ひし形のときのように長方形の半分とも考えることができそうだよ 10×12÷2で60cm²

C　1つだけでなくいくつかの方法で求められるね。
C　ひし形の公式を使えば求めることができるね。

たこ形を方眼紙にかいておくことで，長方形の半分という考え方が出てきやすくなる。

2 凹四角形の面積を求めてみよう

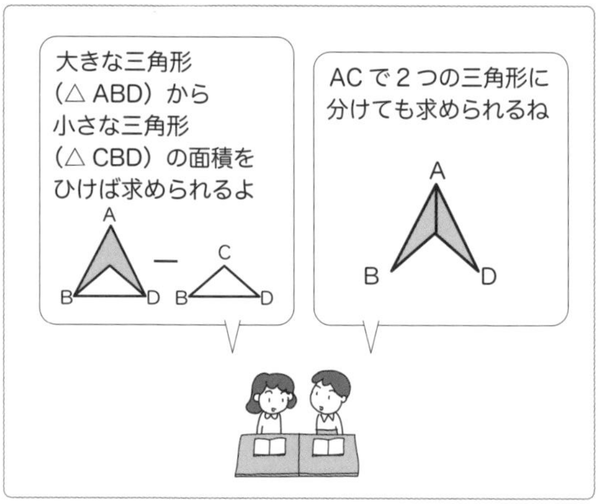

大きな三角形（△ ABD）から小さな三角形（△ CBD）の面積をひけば求められるよ
A
B
D
C
B
D
AC で２つの三角形に分けても求められるね
A
B
D

まずはじっくりと図形を観察するところから始める。ある面積から一部の面積をひくのか，形を２つに分けるのか，面積が求めやすくなる形に変形できないかなど，今までに使った方法を思い出して考えるようにアドバイスする。

準備物	・方眼黒板 [QR] 板書用図 [QR] ワークシート [QR] ふりかえりシート

ICT	板書用図（いろんな四角形）を配信すると、子どもは面積の求め方で工夫したことを記入して考えを全体共有し、対話的に様々な工夫に迫っていくことができる。

3 ㋒ 形を変える

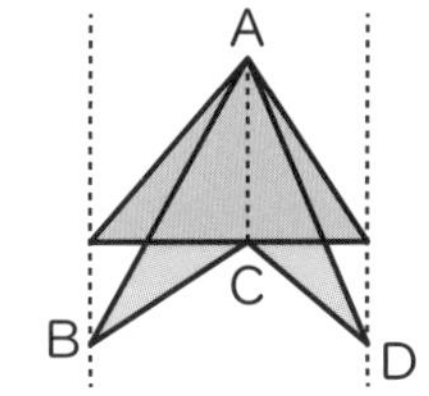
A
B
C
D

三角形
（8 ＋ 6）× 9 ÷ 2 ＝ 63

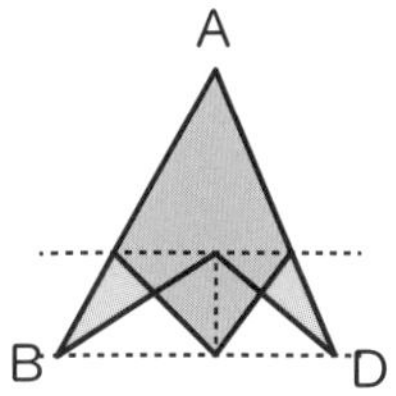
A
B
D

たこ形に似た形
（9 ＋ 5）× 9 ÷ 2 ＝ 63

4

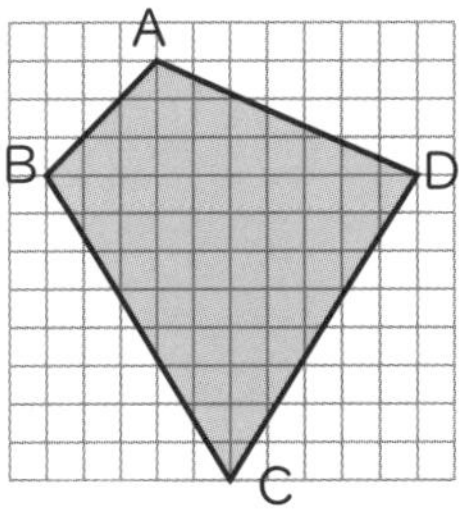
A
B
D
C

※子どもが求めた方法を板書する

答えが求められる面白さが味わえるようにしましょう。

3 凹四角形の面積を他の方法で求めてみよう

T　凹の四角形を三角形やたこ形に変えて求めることもできます。ヒントを出すのでグループで考えてみましょう。

ヒント：三角形 ACD と三角形 ACE は底辺と高さが等しいから，面積も（　　　）です。

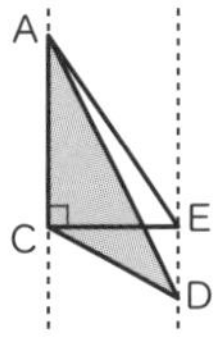
A
C
E
D

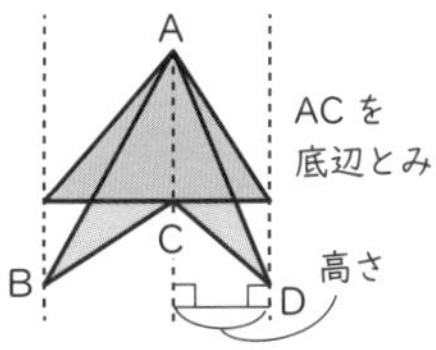
三角形
A
AC を
底辺とみる
B
C
D
高さ

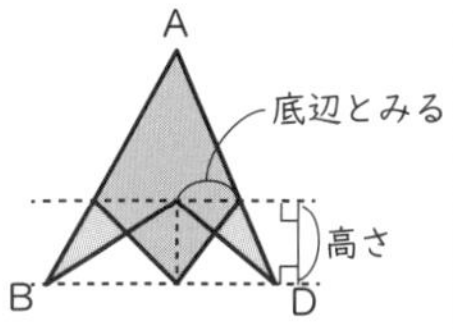
たこ形に似た形
A
底辺とみる
高さ
B
D

たこ形や三角形に形を変えるには，第８時の学習で，頂点を移動しても面積は同じになることを理解しておく必要がある。

4 一般四角形の面積を求めて話し合おう

T　普通の四角形です。面積を求めましょう。
C　四角形は２つの三角形に分けて考えることができたな。
C　三角形やたこ形に変えることはできるのかな。

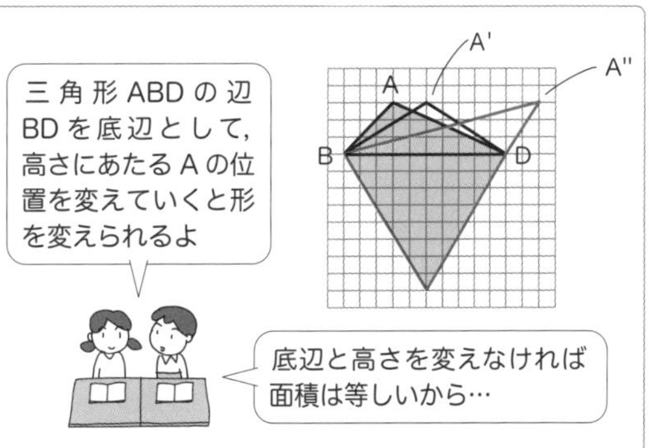
三角形 ABD の辺 BD を底辺として，高さにあたる A の位置を変えていくと形を変えられるよ
A'
A''
A
B
D
底辺と高さを変えなければ面積は等しいから…

すべての考え方で，面積が同じになるか確認する。ふりかえりシートが活用できる。

高さと面積の比例関係

板書例

高さと面積の関係を調べよう

1 面積はどう変わるだろう

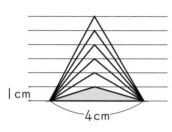

1cm
4cm

高さ	面積＝底辺×高さ÷2
1cm	4 × 1 ÷ 2 = 2
2cm	4 × 2 ÷ 2 = 4
3cm	4 × 3 ÷ 2 = 6

〈表にして調べよう〉

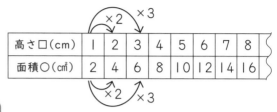

高さ□（cm）	1	2	3	4	5	6	7	8
面積○（cm²）	2	4	6	8	10	12	14	16

2 〈表からわかったこと〉

・高さが 1cm 高くなると 2cm² ずつ増える。
・高さに 2 をかけた数が面積
・高さが 2 倍，3 倍…になると面積も 2 倍，3 倍

まとめ

三角形の面積は高さに比例している。
面積 ＝ 高さ × 2
○ ＝ □ × 2

POINT 最後に比例関係でないものを入れています。比例関係でないものを経験することで，比例関係を際立たせて理解すること

1 三角形の高さが変わると面積はどう変わるか，調べよう

ワークシートが活用できる。

T 底辺が 4cm で高さが 1cm の三角形があります。底辺は変えないで高さを変えていくと面積はどう変わるでしょうか。調べて表にあらわしましょう。

C 前の時間に，高さは同じで底辺の長さを 2 倍の長さにすると面積も 2 倍になったよ。

高さが 2cmだと 4×2÷2=4で4cm²

高さが 3cmだと 4×3÷2=6で6cm²

やっぱり同じ変わり方をしてそうだな

2 表からわかったことを話し合おう

C 1cm高くなると面積は 2cm² ずつ増えています。
C 高さに 2 をかけた数が面積になっています。
C 高さが 2 倍になると面積も 2 倍になっています。
C 高さが 3 倍になると面積も 3 倍です。
C 高さと面積は比例の関係になっているね。
T 高さを□cm，面積を○ cm² として，比例の式に表してみましょう。

面積は高さに 2 をかけた数になっています

式に表すと，高さ□×2＝面積○だね

○=□×2になります

学習のまとめをする。

3 平行四辺形の底辺の長さと面積の関係

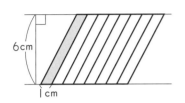

底辺□（cm）	1	2	3	4	5	6	7	8
面積○（cm²）	6	12	18	24	30	36	42	48

（×2　×3 の対応関係を示す矢印）

平行四辺形の面積は
底辺の長さに比例している。

面積 ＝ 底辺 × 6
○　 ＝ □ 　× 6

4 台形の下底の長さと面積の関係

下底□（cm）	1	2	3	4	5	6	7	8
面積○（cm²）	8	10	12	14	16	18	20	22

台形の面積は，下底の長さに比例していない。

ができます。

3 平行四辺形の底辺の長さと面積の関係を調べよう

T 平行四辺形の高さが6cmで，底辺の長さを1cm，2cm，3cm，…と変えていくと面積はどのように変わるでしょうか。まずは，予想してみましょう。

C 高さが同じだから比例関係になっていると思う。

C 公式が「底辺×高さ」だから，底辺が2倍になれば面積も2倍になると思います。

T 調べて表にあらわしましょう。

底辺が2倍，3倍になると面積も2倍，3倍になるね

底辺の長さと面積は比例関係になっています

T 底辺の長さを□cm，面積を○cm²として比例の式に表してみましょう。

C ○＝□×6になります。

4 台形の下底の長さと面積も比例するか調べよう

T 台形の高さ4cmと上底の長さ3cmを変えないで，下底を1cm，2cm，3cm，…としていきます。台形の下底の長さと面積も比例するでしょうか。

C 比例するのか，表にあらわして調べよう。

面積は2cm²ずつ大きくなっているけど…

下底の長さが，2倍，3倍，…になっていても面積は2倍，3倍，…になっていないので比例関係ではありません

台形の下底の長さと面積は比例関係ではありません。

ふりかえりシートが活用できる。

四角形と三角形の面積　第8時

名前

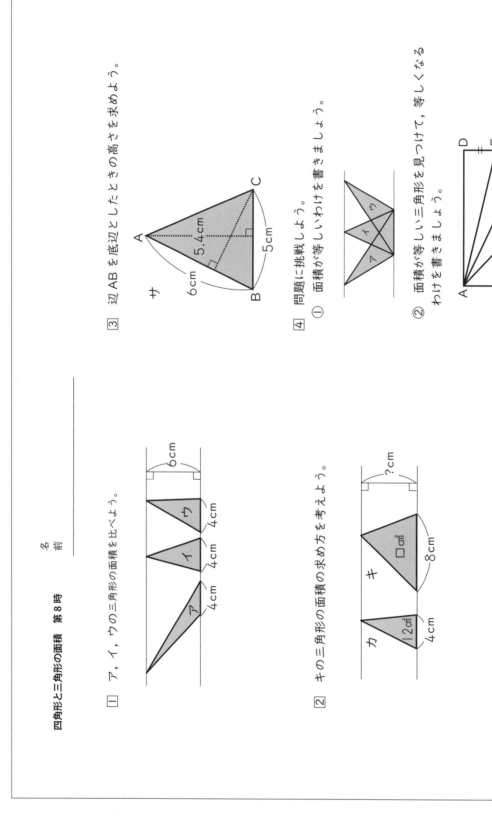

1 ア、イ、ウの三角形の面積を比べよう。

2 キの三角形の面積の求め方を考えよう。

3 辺ABを底辺としたときの高さを求めよう。

4 問題に挑戦しよう。

① 面積が等しいわけを書きましょう。

② 面積が等しい三角形を見つけて、等しくなるわけを書きましょう。

四角形と三角形の面積　第12時

名前

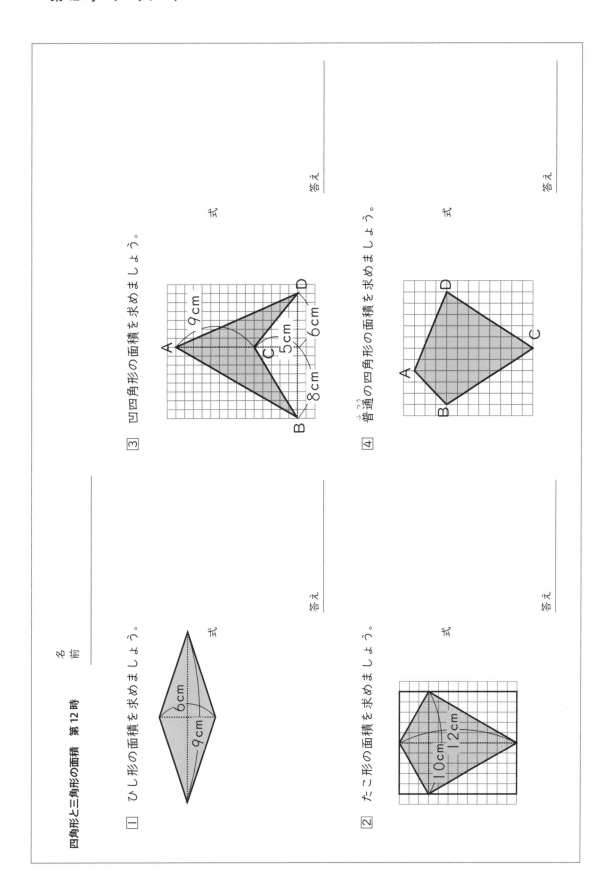

1 ひし形の面積を求めましょう。

6cm
9cm

式

答え

2 たこ形の面積を求めましょう。

10cm
12cm

式

答え

3 凹四角形の面積を求めましょう。

9cm
A
5cm
C
6cm
8cm
B
D

式

答え

4 普通の四角形の面積を求めましょう。

A
D
B
C

式

答え

割合とグラフA案

◎ 学習にあたって ◎

<この単元で大切にしたいこと>

　割合は，子どもたちにとって5年生で一番難しい単元だと思われます。それは問題文を読んで，どちらが「もとにする量」でどちらが「比べられる量」かが，判断しにくいからです。「AはBの何倍ですか。」「AをもとにしたBの割合は何％ですか。」と聞かれても，わり算を使用することは何となくわかっても，A÷BなのかB÷Aなのかすぐにはわかりません。そこで，「にらめっこ図」を用いて立式の手立てとします。教科書の図と「にらめっこ図」のちがいは，「にらめっこ図」は量を意識できるので，演算の結果が量として正しいかを判断できるところにあります。また，帯グラフ・円グラフを読み取ることは，他の教科でも必要になるので大切に扱いたいと思います。そして，グラフをかくことは大変難しいので，丁寧な指導を心がけたいものです。

<数学的見方考え方と操作活動>

　普段，倍という言葉はよく使われますが，そのほとんどはもとにする量より大きくなる場合の倍です。割合では，もとにする量よりも小さくなる倍も扱います。そこで，倍の基本は1倍であることをはっきりさせておきます。「にらめっこ図」にかいて1倍より大きくなるか小さくなるかを確認すると，「もとにする量」と「比べられる量」の関係もよく見えてきます。にらめっこ図を使い，「もとにする量×倍＝比べられる量」を基本とすることで，演算決定ができるようになります。割合やもとにする量を求める場合は，わり算を使いますが，それもにらめっこ図を使うと立式できるようになります。

<個別最適な学び・協働的な学びのために>

　割合・％という表現は生活場面でもよく使われます。子どもたちが経験したことのある場面を問題にすることが大切です。割引きや割り増しの問題は大変難しいですが，図に表したり，子どもたちの経験を引き出したりしながら授業を進めます。また，帯グラフや円グラフを正しく読み取る力も，これからの生活や学習の上でも役立つことなので大切にしたい内容です。

◎ 評　価 ◎

知識および技能	もとにする量，比べられる量，割合の関係を理解し，その3者を求めることができる。帯グラフ・円グラフの読み方・かき方を理解し，グラフの情報を読み取ることやグラフをかくことができる。
思考力，判断力，表現力等	もとにする量，比べられる量，割合の関係について考えている。
主体的に学習に取り組む態度	割合の意味を知り，その考えを用いてグラフに表したり，学習に用いたりしようとする。

時	題	目　標
1	割合で比べる	シュートの成績の比べ方を考え, 割合を使って比べられることを理解する。
2	割合を求める	「もとにする量」と「比べられる量」から, 割合を求めることができる。
3	全体と部分, 部分と部分の割合	「全体と部分」「部分と部分」の関係を表す割合を理解する。
4	百分率と歩合	百分率（%）は 100, 歩合は 10 をもとに表した割合であることや, その表し方がわかる。
5	比べられる量を求める	「もとにする量」と「割合」を使って,「比べられる量」を求めることができる。
6	もとにする量を求める	「割合」と「比べられる量」を使って,「もとにする量」を求めることができる。
7	○%引きの問題	割引の問題をにらめっこ図を使って考え, 求めることができる。
8	○%増しの問題	割増しの問題をにらめっこ図を使って考え, 求めることができる。
9	帯グラフ・円グラフ の読み取り①	割合を表す帯グラフや円グラフの特徴を知り, グラフの読み方を理解する。
10	帯グラフ・円グラフ の読み取り②	割合を表す帯グラフや円グラフを読み取り, 実際の数量を求めたり, 部分の割合を比べたりできる。
11	帯グラフに表す	割合を求めて, 帯グラフに表すことができる。
12	円グラフに表す	割合を求めて, 円グラフに表すことができる。
13	2 つのグラフを比べる	もとの量が異なる 2 つのグラフを比べて, 割合だけでは判断できない場合があることが理解できる。
14 ・ 15	調べて整理し, 発表する	自分で調べたいことを決めて, 調べ方や整理の仕方を考えてまとめることができる。

授業に入る前に4年生の「倍（割合）」をふりかえろう
〜「にらめっこ図」で倍がわかる〜

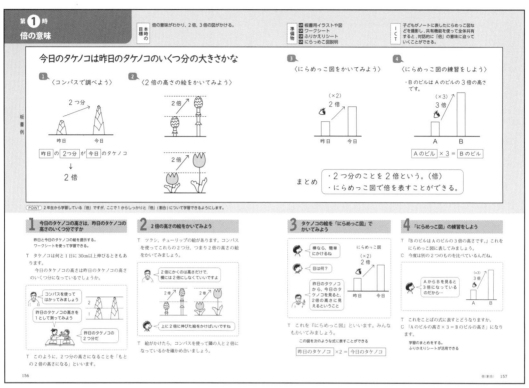

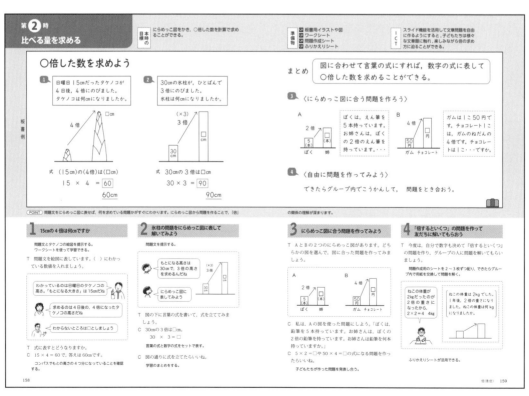

２年生から学習してきた「倍」を，５年生の「割合」に入る前にふり返ってみましょう。「倍とは？」
「もとにする大きさ，倍，比べられる大きさの関係は？」など，ここでのふり返りがこのあとの「割合」
の学習に大きく関わってきます。第１時の QR コードからも，下記の４年生での「倍（割合）」の授業案が
参照できます。ぜひご活用ください。

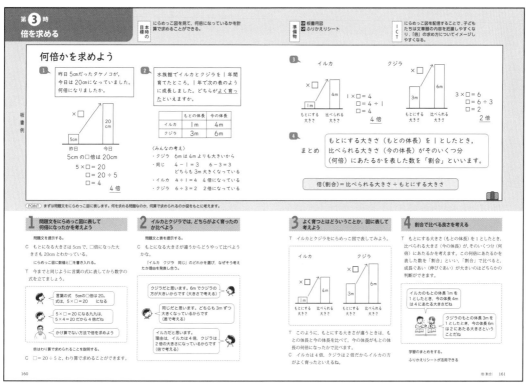

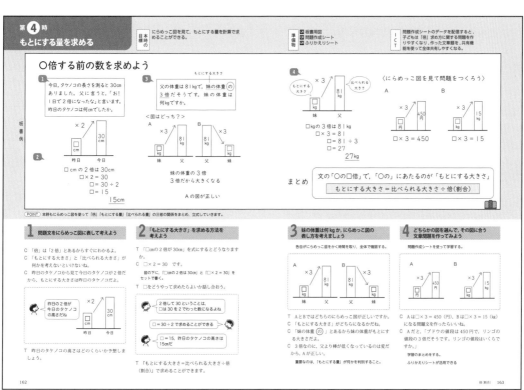

板書例

シュートの成績がいちばんよい試合は？

① まさきさんのシュートの記録

	入った回数（回）	シュートした回数（回）
1試合目	6	10
2試合目	6	8
3試合目	5	8

〈1試合目と2試合目〉

　入った回数同じ→シュートした回数少ない　2試合目の方がよい

〈2試合目と3試合目〉

　シュートした回数同じ→入った回数多い　2試合目の方がよい

② 〈1試合目と3試合目〉

> ※子どもたちからでた意見を板書する。

POINT　展開の3と4の際にしっかり時間をとり，子どもたちの意見を取り入れながら進めましょう。

1 いちばんシュートの成績がよいのは，どの試合か，比べよう

T　3試合のうち，いちばんシュートの成績がよいのはどの試合といえるでしょう。

C　1試合目と2試合目は，入った数が同じだから，シュートした数で比べられるよ。

C　シュートした数の少ない2試合目の方が成績がいいといえるね。

2試合目と3試合目は，シュートした数が同じだから，入った数で比べられる

入った数の多い2試合目の方が成績がいいよ

C　いちばん成績がいいのは2試合目です。

　2つの量のうちどちらかが揃っていれば比べられることを確認する。

2 1試合目と3試合目を比べてみよう

最小公倍数を使って、シュートした回数を同じ40回にすると比べられます。
1試合目　10×4 = 40　　6×4 = 24
○ 3試合目　8×5 = 40　　5×5 = 25

シュートした数から入った数をひくと，入らなかった数が出ます。入らなかった数が少ない方が成績がよいと考えました

シュートした数をもとにしたとき、入った数がどれくらいにあたるかで考えました。シュートした数を「1」として計算しました

3 〈シュートした回数を 1 として考えてみる〉

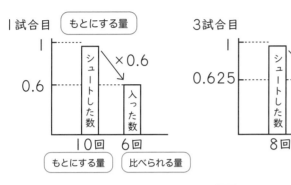

1試合目　もとにする量　3試合目

1試合目 $6 \div 10 = 0.6$
3試合目 $5 \div 8 = 0.625$
> 入った回数の
> 割合（倍）

4 まとめ

> シュートした回数を 1 とすると，入った回数は
> 割合 ─── 0.6 にあたる　（1試合目）
> 　　　　 0.625 にあたる　（3試合目）

---

3 比べ方を図を使って，説明してみよう

T　公倍数を使う方法でも比べられるけど，計算が大変ですね。

C　入らなかった回数では比べられないのでは…。
　　$3 - 1 = 2$ と $10 - 8 = 2$ では成績が違うよ。

C　もとにする数を「1」にする方法が，どんな場合でも使えそうだね。

> シュートした数を「1」としたら，
> 1試合目の入った数は，$6 \div 10 = 0.6$
> 3試合目は，$5 \div 8 = 0.625$

> シュートした数と入った数を分けて図に表してみると，よくわかるね

> この 0.6 や 0.625 の数の意味をもう少し知りたいな

4 割合とは
「○○を 1 としたとき，□□にあたる数」

T　もとにする量（シュートした回数）を 1 としたとき，比べられる量（入った回数）がどれだけにあたるかを表した数を**割合**といいます。

> 「○○を 1 としたとき，□□にあたる」という表し方は倍の学習でも習ったよ

> 入った回数が，シュートした数の□倍になっているということだね

T　シュートした回数を 1 とみたとき，1試合目の入った数は 0.6，3試合目の入った数は 0.625 にあたります。

　　にらめっこ図で再度関係を説明する。

　　学習のまとめをする。
　　ふりかえりシートが活用できる。

割合を求める

本時の目標｜「もとにする量」と「比べられる量」から，割合を求めることができる。

板書例

クラブの定員をもとにした希望者数の割合を求めよう

1		もとにする量	比べられる量
		定員（人）	希望者数（人）
バレーボール		20	16
サッカー		25	27
卓 球		18	18

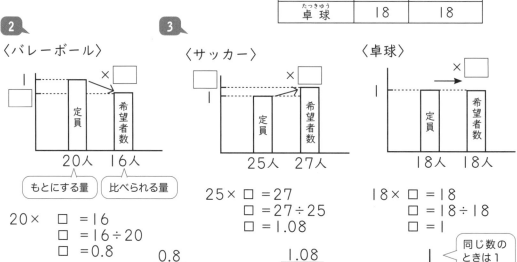

2 〈バレーボール〉

もとにする量　比べられる量

$20 \times \square = 16$
$\square = 16 \div 20$
$\square = 0.8$　　0.8

3 〈サッカー〉

$25 \times \square = 27$
$\square = 27 \div 25$
$\square = 1.08$　　1.08

〈卓球〉

$18 \times \square = 18$
$\square = 18 \div 18$
$\square = 1$

同じ数のときは1　　1

POINT　にらめっこ図の矢印が下向き↘のときの割合は「1」より小さく，上向き↗のときの割合は「1」より大きくなります。

1 「もとにする量」は何か確かめよう

T　クラブの定員をもとにした希望者数の割合を求めます。割合とはどんな数のことでしたか。

C　もとにする量を1としたとき，比べられる量がどれだけにあたるかを表した数のことです。

C　これまでに学習した「倍」と同じ意味ですね。

T　この中で「もとにする量」は何になりますか。

C　定員をもとにしたとあるので定員です。

C　比べられる量は，希望者数になるね。

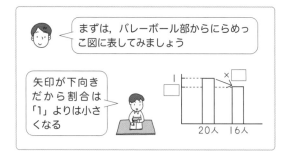

まずは，バレーボール部からにらめっこ図に表してみましょう

矢印が下向きだから割合は「1」よりは小さくなる

2 にらめっこ図から立式し，割合を求めよう

C　「もとにする量×割合（倍）＝比べられる量」の式にあてはめたらいいね。

C　$20 \times \square = 16$
$\square = 16 \div 20$
$\square = 0.8$　　バレーボール部0.8倍です。

T　「割合を求めましょう」のときは，倍はつけずに0.8と答えます。

T　同じようにしてサッカー部と卓球部の割合も求めましょう。

にらめっこ図の通りに式を立てると，
$25 \times \square = 27$
$\square = 27 \div 25$ で　サッカー部は1.08になります

1より大きいね

まとめ | 割合 ＝ 比べられる量 ÷ もとにする量

4 〈いちばん人気のあるクラブは？〉

	定員（人）	希望者数（人）
テニス	15	18
昔あそび	12	15
音楽	6	9

どれも定員より3人多い

〈テニス〉

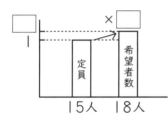

テニス　18 ÷ 15 ＝ 1.2　　1.2

昔あそび 15 ÷ 12 ＝ 1.25　1.25

音楽　　 9 ÷ 6 ＝ 1.5　　1.5

音楽がいちばん人気

---

3 にらめっこ図と割合を比べてまとめよう

C 「もとにする量」よりも「比べられる量」の方が大きくなると、にらめっこ図の矢印は↗となって、割合も「1」より大きくなります。

C 反対に、「もとにする量」よりも「比べられる量」の方が小さくなると、にらめっこ図の矢印は↘となって、割合も「1」より小さくなります。

 卓球部のように同じ数のときは→となって、割合が1になるんだ

「割合＝比べられる量÷もとにする量」ということばの式も確認しておく。

学習のまとめをする。

4 割合で比べていちばん人気を決めよう

T テニス部、昔あそび部、音楽部のうち、いちばん人気のあったクラブはどれでしょう。

C どのクラブも定員より希望者数の方が3人ずつ多いから、どのクラブも同じということかな。

C 例えば定員3人で希望者数が6人だったら希望者数は2倍だけど、テニスだと1.2倍だから全然違うよ。

C 定員をもとにした希望者数の割合を調べてみよう。

C どれも割合は1よりは大きくなるね。

割合でいうと、音楽がいちばん人気だね

テニスは1.2
昔あそびは1.25
音楽は1.5
やっぱり全然違うね

ふりかえりシートが活用できる。

全体と部分，部分と部分の割合

板書例

比べる2つの量を見つけよう

1
> 200mLのミルクコーヒーがあります。
> そのうち，牛乳は40mLで，
> コーヒーは160mLです。

2
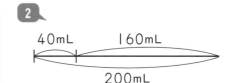
40mL　160mL
200mL

どんな2つの量をえらんで比べるか？

3 ① <u>ミルクコーヒー全体の量</u> をもとにした <u>牛乳の量の割合</u>
　　　　　　も　　　　　　　　　　　　　　　　　　く

[図：1, ミルクコーヒー ×□ 牛乳
200mL　40mL]

$200 × □ = 40$
$□ = 40 ÷ 200$
$□ = 0.2$

<u>0.2</u>

割合＝比べられる量÷もとにする量

POINT 本時は割合の学習の中でも最も重要な学習にあたります。「何をもとにして」「何と比べているのか」を考えることで，

---

1 ミルクコーヒーの牛乳とコーヒーの割合を求めよう

T　200mL のミルクコーヒーがあります。そのうち牛乳は 40mL で，コーヒーは 160mL です。量の関係を割合で表してみましょう。

C　割合は，もとにする量を1としたとき，もう一方の量がどれだけにあたるかを表すものだったね。

C　何をもとにするかでいろいろ変わりそうだね。

T　比べる2つの量にはどんなものがあるでしょう。まず，「何をもとにするか」を考えましょう。

> ミルクコーヒー全体の量をもとにした牛乳の量の割合

> コーヒーの量をもとにした牛乳の量の割合というのもあるよ

2 選んだ2つの量を発表しよう

C　①ミルクコーヒー全体の量をもとにした牛乳の量の割合

C　②ミルクコーヒー全体の量をもとにしたコーヒーの量の割合

C　③牛乳の量をもとにしたコーヒーの量の割合

C　④コーヒーの量をもとにした牛乳の量の割合

T　①，②と③，④を比べて何か気づいたことはありますか。

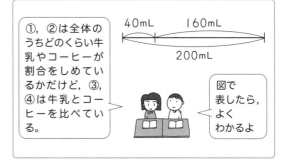

> ①，②は全体のうちのどのくらい牛乳やコーヒーが割合をしめているかだけど，③，④は牛乳とコーヒーを比べている。

> 図で表したら，よくわかるよ

40mL　160mL
200mL

ICT　ノートにかいた自分の考えを写真撮影し、共有機能を使って全体共有すると、子どもたちの考え方を比較検討することが簡単にできる。

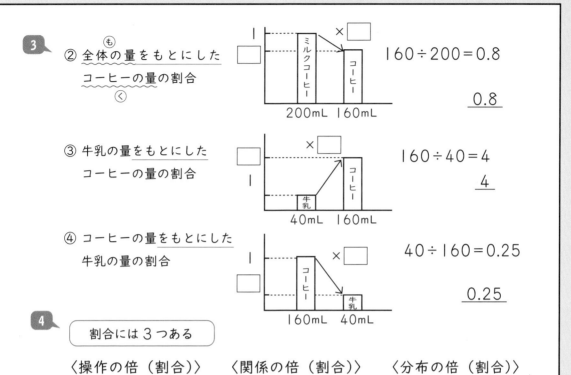

3

② 全体の量をもとにした
コーヒーの量の割合

$160 ÷ 200 = 0.8$

0.8

③ 牛乳の量をもとにした
コーヒーの量の割合

$160 ÷ 40 = 4$

4

④ コーヒーの量をもとにした
牛乳の量の割合

$40 ÷ 160 = 0.25$

0.25

4　割合には3つある

〈操作の倍（割合）〉　　〈関係の倍（割合）〉　　〈分布の倍（割合）〉

さらに学びを深めることができます。

3 何と何を比べているか確かめながら，割合を求めよう

T　「もとにする量」に注意してそれぞれの割合を求めてみましょう。「ミルクコーヒー全体の量をもとにした牛乳の量の割合」はどうなりますか。

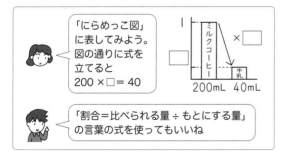

「にらめっこ図」に表してみよう。図の通りに式を立てると
$200 × □ = 40$

「割合＝比べられる量÷もとにする量」の言葉の式を使ってもいいね

　②～④も同じように「にらめっこ図」や「言葉の式」を使って求める。
　その際に線分図と照らし合わせながら説明するとどの2量を比べているかがよくわかる。

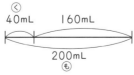

4 割合（倍）の3つの顔を知っておこう

T　割合（倍）には，下記の「操作の倍」「関係の倍」「分布の倍（率）」の3つがあります。

〈操作の倍（割合）〉
　たけのこが1.5倍伸びるなど，ある1つの量の拡大や縮小を表す倍

〈関係の倍（割合）〉
　○○くんの身長とお父さんの身長など，2つの量のうち一方をもとにする大きさとして，もう一方の大きさがその何倍かを考える倍

〈分布の倍（割合）〉
　ミルクコーヒー全体の量をもとにした牛乳の量の割合など

　子どもたちに詳しい説明は必要ないが，今まで学習してきた倍（割合）と結びつけて紹介する。

　学習のまとめをする。

　ふりかえりシートが活用できる。

百分率と歩合

板書例

割合を％で表せるようになろう

1 〈％を見たところ〉
・新幹線乗車率120%
・果じゅう 100%
・20%引き

2

定員が250人，乗客数が300人
も 定員をもとにした乗客数の割合は？
く

式　250×□＝300
　　　□＝300÷250
　　　□＝1.2
1.2×100＝120
　　　　　120%

3

定員が250人，乗客数が180人
も 定員をもとにした乗客数の割合は？
く

式　250×□＝180
　　　□＝180÷250
　　　□＝0.72
0.72×100＝72
　　　　　72%

POINT 新幹線の乗車率や食品や衣類の値引き等，子どもたちが日頃から目にしたり，耳にしたりする身近な素材を扱うことで

1 身のまわりで見た「％」について話し合おう

T 「新幹線の乗車率が 120％でした」などといったニュースを見たことはありますか。

あります。新幹線にたくさんの人が乗っている映像が出ていました

人が多いのはわかるけど，何を表している数字かはわかりません

％って何だろう

C ジュースに果汁 100％とか 30％とか見ました。
C お店で 20％引きとかも見ました。
T 実は，この「％」も割合を表していて，「百分率」といいます。

2 ％の謎が解けるように学習しよう

T ある新幹線の自由席の定員は 250 人です。12 月 29 日博多行きの自由席の乗客数は 300 人でした。定員をもとにした乗客数の割合を求めましょう。
C 300 ÷ 250 ＝ 1.2　1.2 になります。
T この 1.2 は 120％と言い換えることができます。

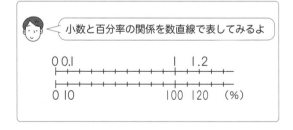

小数と百分率の関係を数直線で表してみるよ

C 1.2 が 120％なら，100 倍していることになるね。
C 1（倍）にあたるのが 100％だ。
T 百分率は，もとにする量を 100 とした割合の表し方です。割合でいう 0.01 が 1％にあたります。

まとめ

0 0.1　　　　　　　　　　　1　1.2

0　10　　　　　　　　　　100　120　(%)

0.01＝1%　　　　　　1＝100%

百分率・・・ %で表した割合
　0.01 が 1%
　1　 が 100%

小数・整数
の割合 　――×100→ 　百分率 (%)
　　　 ←÷100――

4 もう 1 つの割合の表し方 歩合(ぶあい)

割合を表す小数（整数）	1	0.1	0.01	0.001
百分率	100%	10%	1%	0.1%
歩合	10割(わり)	1割	1分(ぶ)	1厘(りん)

〈歩合を見たところ〉　・2 割引き
　　　　　　　　　　　・打率　 3割2分7厘(りん)
　　　　　　　　　　　　└→ 打数に対する安打数の割合

興味・関心を高めるようにしましょう。

3 割合を百分率で表してみよう

T　定員 250 人の新幹線に 180 人が乗っています。定員をもとにした乗客数の割合を百分率で求めましょう。

C　まずは，割合を求めよう。「比べられる量÷もとにする量」だから，180 ÷ 250 = 0.72

C　小数の割合を 100 倍すれば%の表し方になるね。

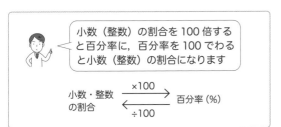

小数（整数）の割合を 100 倍すると百分率に，百分率を 100 でわると小数（整数）の割合になります

小数・整数
の割合　――×100→　百分率 (%)
　　　 ←÷100――

　「%」の意味（「セント」は「百」,「パー」は「もとにする」）を子どもに説明しておくのもよい。

　教科書などで，小数（整数）の割合を百分率に，百分率を小数（整数）の割合に表す練習をする。

　学習のまとめをする。

4 割合を歩合で表してみよう

T　割合を表す方法にもう 1 つ「歩合」というものがあります。百分率の 100%は，歩合では 10 割と表します。

「2 割引き」とか聞いたことあるよ

20%引きと同じことだね

　小数（整数）の割合，百分率，歩合の関係を表にまとめて説明し，3 つの表し方があることを確かめる。また，歩合が使われているチラシなどを準備しておき，紹介することで関心を高めたい。

　打数が 40，安打数が 15 のときの打率を 3 つの表し方で求め，0.375，37.5%，3 割 7 分 5 厘を比べて，それぞれへの変換の仕方を確かめる。

　ふりかえりシートが活用できる。

第 ⑤ 時
比べられる量を求める

本時の目標：「もとにする量」と「割合」を使って，「比べられる量」を求めることができる。

板書例

比べられる量を求めよう

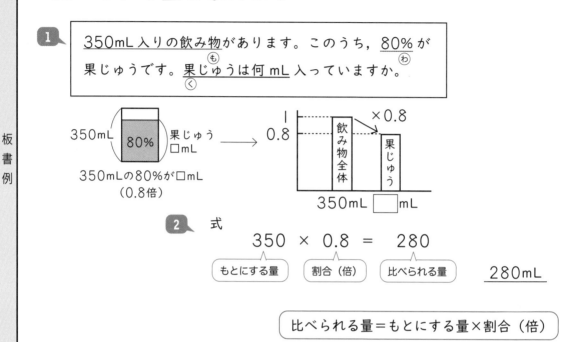

1 350mL 入りの飲み物があります。このうち，80% が
果じゅうです。果じゅうは何 mL 入っていますか。

350mL の 80% が □mL
（0.8倍）

2 式

350 × 0.8 = 280
もとにする量　割合（倍）　比べられる量

280mL

比べられる量＝もとにする量×割合（倍）

POINT 「もとにする量」を見つけて，にらめっこ図に表し，にらめっこ図の通りに立式すればいいことが身に付くようにしま

---

1 にらめっこ図に表して考えよう

T 問題文からわかっていることを「にらめっこ図」に表していきましょう。

問題文の「もとにする量」「割合」「比べられる量」にそれぞれ色違いの線などを引いてからにらめっこ図に表す。

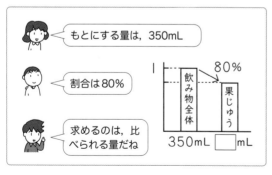

C 350 m L の 80% が何 m L かを求めるんだね。
C あとは，図の通り
「もとにする量×割合（倍）＝比べられる量」の式にあてはめればいいね。

2 百分率を小数に表して計算しよう

T 式にあてはめて求めてみましょう。どんな図や式になったか隣の人と確かめてみましょう。
C 350 × 80 = …えっ！28000 ？
C 80%は百分率だから，計算のときは小数になおさないといけないんだね。
C 80%は 100 でわって 0.8 350 × 0.8 = 280
280mL。

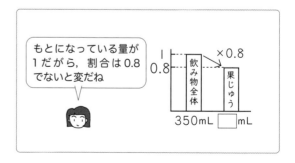

言葉の式だと，「比べられる量＝もとにする量×割合（倍）」になることも確認しておく。

106

3

│ 両の定員が 80 人の電車があります。
乗車率が 110％ だと乗客は何人ですか。
（も）（わ）（く）

1.1

×1.1

式　80 × 1.1 ＝ 88　　88人

4

まとめ

〈百分率の問題を解くには〉
① 問題文の中から「もとにする量」を見つける
② 百分率は小数で表す
③ にらめっこ図に表す
④ 図にある順番で, かけ算の式にあてはめる

しょう。

3 100％を超えた割合で求めよう

T　定員が 80 人の電車があります。乗車率が 110％
　だと何人の人が乗っていることになりますか。

C　乗車率とは, 定員に対して実際に乗っている人の
　割合のことだったね。

C　定員に対してだから, 定員が「もとにする量」だね。

C　割合は 110％ で, 求めるのは「比べられる量」だ。

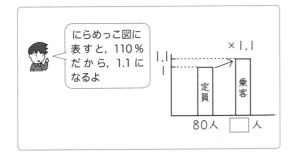

にらめっこ図に表すと, 110％ だから, 1.1 になるよ

C　図から, そのまま式にあてはめて,
　80 × 1.1 ＝ 88　で　88人。

4 練習問題をして問題の解き方をまとめよう

〈百分率の問題を解くには〉
① 問題文の中から「もとにする量」を見つける
② 百分率は小数で表す
③ にらめっこ図に表す
④ 図にある順番で, かけ算の式にあてはめる

T　練習問題をしましょう。
　150 円のボールペンをもとの値段の 80％ の値段で
買いました。代金はいくらでしたか。

① 「もとにする量」は, もとの値段である 150 円
② 80％は 0.8
③ にらめっこ図
④ 式にする。150×0.8 ＝ 120

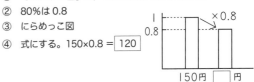

ふりかえりシートが活用できる。

もとにする量を求める

本時の目標　「割合」と「比べられる量」を使って，「もとにする量」を求めることができる。

板書例

もとにする量を求めよう

1 ある学校の女子の児童数は 360 人です。
これは学校全体の児童数の 48% に
あたります。学校全体の児童数は何人ですか。

$$48\% \xrightarrow{\div 100} 0.48$$

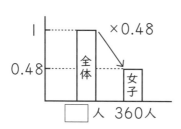

2 式

$$\boxed{} \times 0.48 = 360$$

もとにする量　　割合（倍）　　比べられる量

□ = 360 ÷ 0.48
□ = 750 　　　　750人

もとにする量＝比べられる量÷割合

まとめ　ポイント!!

・百分率は小数にする
・も×わ＝く の式にあてはめて立式，
　わからないところを□にする。

POINT　問題文から「もとにする量」「割合」「比べられる量」を見つけ出し，「にらめっこ図」に表して立式するという，これまで

1 何を求める問題か考えよう

T　問題文からわかっていることを「にらめっこ図」
に表していきましょう。問題文のも わ く にそれぞれ
線を引いてから図に表す。

C　割合は 48% だね。もとにする量は何だろう。

C　全体の児童数 の 48% が 360 人だから，もとに
する量は，学校全体の児童数だ。

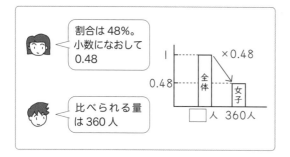

C　求めるものは，「もとにする量」だね。

C　あとは，「もとにする量×割合（倍）＝比べられ
る量」の式にあてはめればできそう。

2 にらめっこ図から，式にあてはめてみよう

C　「もとにする量×割合（倍）＝比べられる量」
も×わ＝く のかけ算の式にあてはめてみよう。

C　□× 0.48 ＝ 360 と立式して□を求める。
　□＝ 360 ÷ 0.48 で 750　　750 人

　にらめっこ図で「もとにする量」「割合」「比べられる量」
の関係を確認する。また，言葉の式だと「もとにする量＝比
べられる量÷割合（倍）」になることも示しておく。

学習のまとめをする。

3

さきさんはもとのねだんの 70% のねだんで
ハンカチを買いました。代金は 420 円でした。
もとのねだんはいくらですか。

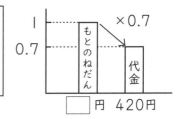

式

$$\square \times 0.7 = 420$$
$$\square = 420 \div 0.7$$
$$\square = 600$$

600円

4 〈問題を作ろう〉

〔 60% , 900 , 540 〕

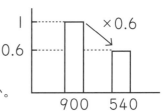

例　900円のふでばこを60%の
ねだんで買うと代金はいくらですか。

と同じやり方で進めていきましょう。

3　「もとにする量」×「割合」＝「比べられる量」から立式しよう

T　さきさんは，もとの値段の 70% の値段でハンカチを買いました。代金は 420 円でした。もとの値段はいくらですか。

C　わかっていることからにらめっこ図に整理していこう。もとにする量は「もとの値段」で□円。

C　割合は，70%だから小数になおして 0.7。

C　比べられる量は 420 円。

教科書の問題で練習する。

4　問題作りをしてみよう

T　3つの数「60%　900　540」を使って「もとにする量」「割合」「比べられる量」をそれぞれ求める問題をつくって問題を出し合いましょう。

C　もとにする量はどちらにしたらいいのかな。

C　も×わ＝くで考えたら，割合は 0.6 で 1 より小さいから，比べられる量はもとにする量より小さくなる。

C　「にらめっこ図」に表してから考えてみよう。

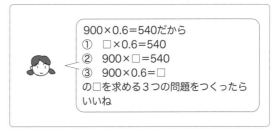

はじめに教師が例文を出すとヒントとなり，問題をつくりやすくなる。

ふりかえりシートが活用できる。

○%引きのねだんを求めよう

1 A
150 円のパンをもとの
ねだんの 30% のねだん
で買いました。

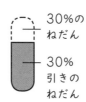
30%の
ねだん

30%
引きの
ねだん

B
150 円のパンを
30% 引きのねだんで
買いました。

2

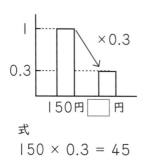

式
150 × 0.3 = 45

　　　　45円

×0.7
1
0.7
×0.7 0.3
150円 □ 円

3 式

㋐ 150×0.3=45
　150−45=105
　　　105円

㋑ 1−0.3=0.7
　150×0.7=105
　　　105円

もとにする量　割合（倍）　比べられる量

150 ×(1−0.3)= 105

板書例

POINT AとBの問題をにらめっこ図に表すと違いが一目でわかります。また，子どもたち自身が，問題をにらめっこ図に表すだけ

---

1 AとBのパンの値段を比べよう

T　AとBのパンの値段は同じになりますか？

A　150 円のパンをもとの値段の 30% の値段で買いました。
　いくらで買いましたか。

B　150 円のパンを 30% 引きの値段で買いました。
　いくらで買いましたか。

C　Aは，150 円の 30% の値段，Bは 150 円の
　30% 引きの値段だから…同じではないと思います。

AとBの違いがわかるように簡単な図に表す。

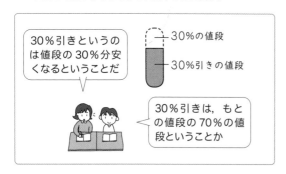

30% 引きというのは値段の 30% 分安くなるということだ

30%の値段
30%引きの値段

30% 引きは，もとの値段の 70% の値段ということか

2 AとBの問題をにらめっこ図に表してみよう

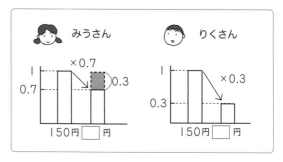

みうさん　　　　りくさん

C　りくさんの図は A を表した図だけど，それを使って答えを求めることもできそうだね。

　30% 引きとは，もととなる 100% から 30% を引いた 70% を表していることをにらめっこ図を使って説明する。

C　求めるのは 150 円の 0.7 倍の値段ということだね。

T　式に表して答えを求めましょう。

準備物
- [QR] 板書用図
- [QR] ふりかえりシート

ICT
表計算機能を使って図を作成して配信すると、子どもはその図を読み取ることで問題の状況を掴みやすくなる。

まとめ

30% 引きとは，100% − 30% = 70%
(1 − 0.3 = 0.7)
もとにする量の 0.7 倍ということです。

4

デジタルカメラをもとのねだんの 25% 引き[わ]で買うと，代金は 15000 円[く]でした。もとのねだん[も]はいくらですか。

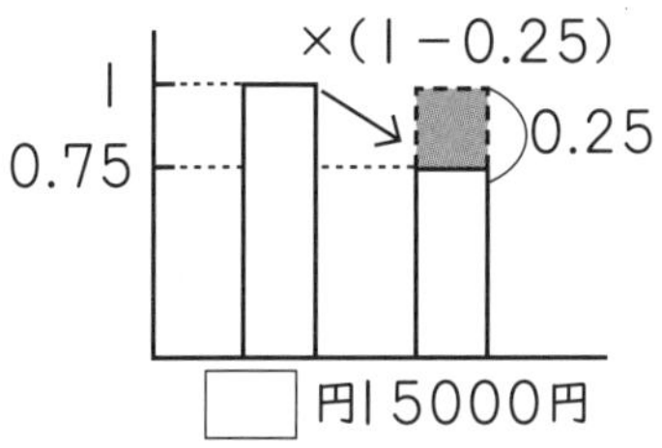

式
□ ×(1-0.25) = 15000
□ ×0.75 = 15000
□ = 15000 ÷ 0.75
□ = 20000

20000円

でなく，その図を使って説明できるようになると，理解がさらに深まります。

3 Bの2通りの求め方を考えよう

㋐ 150 × 0.3 = 45　150 − 45 = 105　105 円
㋑ 1 − 0.3 = 0.7　150 × 0.7 = 105　105 円

T ㋐と㋑の求め方の違いは何かわかりますか。

㋐は，まず 30％分の値段を求めて，もとの値段からひいています

㋑は，100％から 30％をひいた 70％の値段を求めています

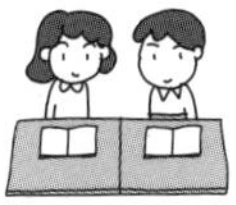

C わたしは㋑の考え方で，1 つの式に表して求めました。　150 × (1 − 0.3) = 105

〇%引きの問題はつまずく子が多いので，図を使って視覚的に構造をとらえさせることを大切にする。

学習のまとめをする。

4 25%引きの値段から，もとの値段を求めよう

T デジタルカメラをもとの値段の 25％引きで買うと，代金は 15000 円でした。もとの値段はいくらですか。

にらめっこ図に表してみましょう

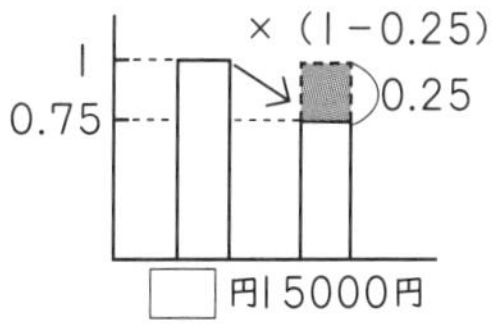

C もとにする量の 0.25 倍ではなく，0.75 倍が 15000 円ということだね。

C にらめっこ図に合わせて式を書くと □×（1 − 0.25）= 15000 となる。

C □を求めればいいね。

ふりかえりシートが活用できる。

第8時
○%増しの問題

[本時の目標] 割増しの問題をにらめっこ図を使って考え，求めることができる。

板書例

○%増しの重さを求めよう

[1] 20% 増量のおかしは何 g ですか

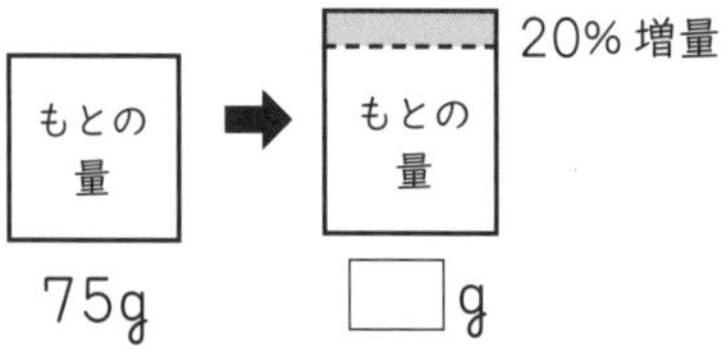

もとの量
もとの量
20% 増量
75g
□g

[2]

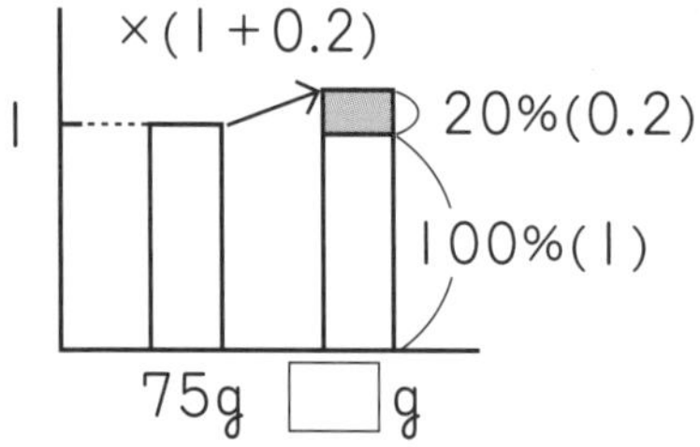

×(1＋0.2)
1
20%(0.2)
100%(1)
75g
□g

式 ㋐ 1＋0.2＝1.2

増量はもとの1.2倍だから

75×1.2＝90

1つの式にすると

75×(1＋0.2)＝90

㋑ 75×0.2＝15

20%増量で増えたのは15g

75＋15＝90

90g

[POINT] 「○%増量」のお菓子袋などを実際に持ち込み，身近な素材で考えることで子どもの興味や関心が高まります。「○%増し

1 お菓子の袋に「○%増量」とあるのを見たことがありますか

実物のお菓子や画像などを提示する。

C ○%増量の方がお得だよね。

C 昨日は○%引きの問題だったけど，今度は○%増しの問題なんだ。

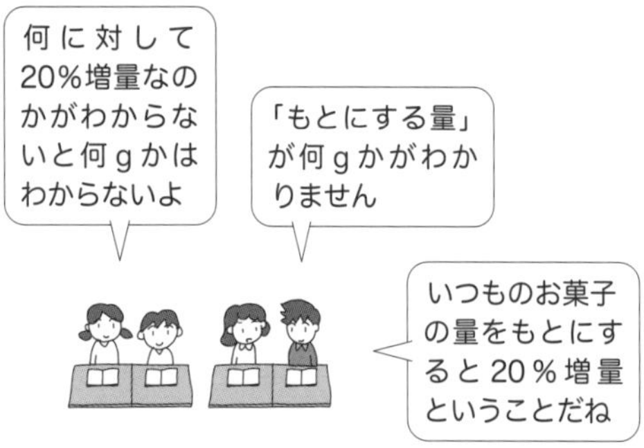

何に対して20%増量なのかがわからないと何gかはわからないよ
「もとにする量」が何gかがわかりません
いつものお菓子の量をもとにすると20%増量ということだね

2 普通は75gの量が，20%増量になると何gになりますか

T まずは，にらめっこ図に表してみましょう。

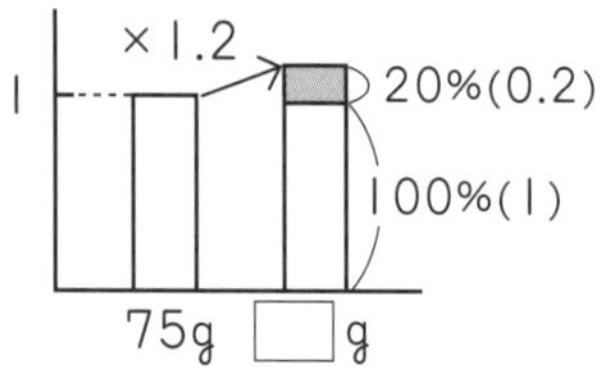

×1.2
1
20%(0.2)
100%(1)
75g
□g

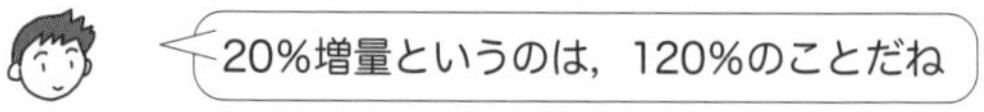

20%増量というのは，120%のことだね

C 式は，[も]×[わ]＝[く]で 75 × 1.2 ＝ 90　90g になるね。

C 1つの式に表すと 75 ×（1 ＋ 0.2）＝ 90 だ。

C ぼくは 75 × 0.2 ＝ 15　75 ＋ 15 ＝ 90 で求めた。

にらめっこ図に表すと 20%増量というのが 100%＋ 20% ということがよくわかります。

準備物
・お菓子の袋など（○%増量の記載あり）
QR 板書用図
QR ワークシート
QR ふりかえりシート

ICT スライド機能を使って問題文を作成して配信すると、子どもは式や図などで自分の考えを記入しやすく、共有機能を使って全体共有もしやすくなる。

3

せんざいが今までより 30%増量して 1 本 520g で売られています。
今まで売られていたせんざいは何g入りですか。

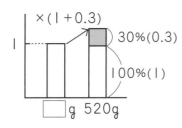

式　□×（1＋0.3）＝520
　　　　□＝520÷1.3
　　　　□＝400

<u>400g</u>

4

〈問題に挑戦しよう〉

〈520円のケーキに使う場合〉
20%引き　式　520×（1−0.2）＝416 ◯
100円引き　式　520−100＝420

〈480円のケーキに使う場合〉
20%引き　式　480×（1−0.2）＝384
100円引き　式　480−100＝380 ◯

（引き）」の構造を理解し、生活に生かせるようにしましょう。

---

3 増量になったもとの重さを求めよう

T　洗剤が、今までよりも 30％増量して 1 本 520g 入りで売られています。今まで売られていた洗剤は何 g 入りですか。

C　「もとにする量」は今までの洗剤の量だね。

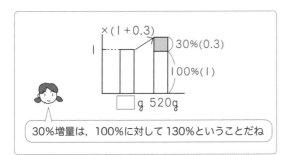

30%増量は、100%に対して130%ということだね

C　図から、そのまま「⑤×⑰＝ⓒ」にあてはめて式にすると、□×1.3 ＝ 520

C　1 つの式に表すと□×（1 ＋ 0.3）＝ 520

　「もとにする量を見つける」と「百分率を小数になおす」の 2 つのポイントも確かめながら進める。

4 〈問題に挑戦〉お得にケーキが買えるのはどちらか，考えよう

ワークシートが活用できる。

かおりさんはケーキ屋にケーキを買いに行きました。520円のショートケーキと 480 円のチョコレートケーキを 1 個ずつ買います。タイムセールでどれももとの値段の 20％引きになっていました。ただ、かおりさんは、100円引きの券を 1 枚持っていました。この券はケーキ 1 個につき 1 枚使えます。ただし、100 円引きの券を使う場合はそのケーキは 20％引きになりません。ケーキを安く買うにはこの券をどちらのケーキで使えばよいでしょうか。

C　520 円と 480 円の 20％引きの値段と 100 円引きの値段を計算して比べてみよう。

C　どの値段でも 20％引きの方が安くなるとは限らないんだね。もとの値段によって変わるんだ。

T　買い物に行ったときなど、○％引きや、また○％増量などの表示を注意して見てみましょう。

　学習のまとめをする。
　ふりかえりシートが活用できる。

第9時
帯グラフ・円グラフの読み取り①

板書例

割合のグラフを読み取ろう

1 〈2008年～2018年訪日(ほうにち)外客数〉

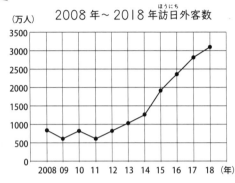

（万人）グラフ縦軸 3500～0、横軸 2008 09 10 11 12 13 14 15 16 17 18（年）

2 どこの国から多い？

2013年 訪日外客数（がい数）

総数(人)	10,360,000	
1 韓国	2,460,000	24%
2 台湾	2,210,000	21%
3 中国	1,310,000	13%
4 米国	800,000	8%
5 香港	750,000	7%
6 タイ	450,000	4%
その他	2,380,000	23%

↓

割合をわかりやすく
グラフに表そう

・1目もり…1%
・割合の大きい順に
・「その他」は最後

3 〈帯グラフ〉

2013年度国別訪日外客数の割合

| 韓国 | 台湾 | 中国 | 米国 | 香港 | タイ | その他 |

0 10 20 30 40 50 60 70 80 90 100%

POINT 既習のグラフでは，それぞれの特性を理解し，資料に適したグラフを選んできた。同じように割合を表すのに，「帯グラフ」

1 折れ線グラフを読み取ろう

資料シートが活用できる。

T この折れ線グラフは，2008年から2018年の10年間に，日本に訪れた外国人客の人数（訪日外客数）を表したものです。どんなことがわかりますか。
C 2011年からは年々増えています。
C 2014年から2015年は急激に増えているよ。

折れ線グラフだと人数の変化がわかりやすいね

2014年からは，約500万人くらいずつ増えていってる

既習の折れ線グラフからわかったことや気づいたことなどを話し合う。

2 割合を表すグラフを知ろう

T 訪日外客数はどこの国からが多いと思いますか。2013年の全外国人客数と，その国別の人数と割合の表を示す。
C 韓国と台湾が多いね。日本に近いからね。
C 見やすくするために，折れ線グラフや棒グラフのようにグラフに表すことはできないのかな。
T 割合をわかりやすくグラフに表すには次のようなグラフを使います。帯グラフと円グラフです。

帯グラフは長方形を直線で区切っているね

円グラフは円を半径で区切ってある

〈円グラフ〉

4

2013年度国別訪日外客数の割合

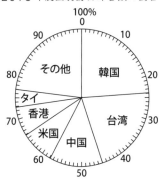

・韓国だけでほぼ $\frac{1}{4}$

・アジアの地いきだけで $\frac{3}{4}$

・その他と韓国（かんこく）がほぼ同じ

　　※児童の意見を板書する。

まとめ　帯グラフや円グラフは，全体をもとにしたときの各部分の割合を見たり，部分どうしの割合を比べたりするときに便利です。

や「円グラフ」が適切なことを子どもたちが気づくことが大切です。

3 帯グラフと円グラフを詳しく見てみよう

C これなら，どのくらいの割合かパッと見てわかる。

C 全体を100％として表しているんだね。

T 韓国は全体の24％，目盛りを確かめましょう。

C 1目盛りが1％だから，韓国は0から24の目盛りまで。

C 2位の台湾はその続きから始まっているね。台湾は21％だから，24から45の目盛りまでになる。

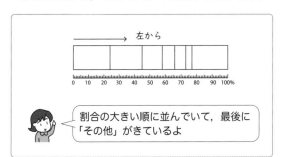

割合の大きい順に並んでいて，最後に「その他」がきているよ

グラフから各国の人数の割合を読み取る。

4 グラフを見て気がついたことを話し合おう

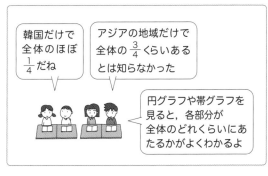

韓国だけで全体のほぼ $\frac{1}{4}$ だね

アジアの地域だけで全体の $\frac{3}{4}$ くらいあるとは知らなかった

円グラフや帯グラフを見ると，各部分が全体のどれくらいにあたるかがよくわかるよ

帯グラフや円グラフからわかったことなどを話し合い，帯グラフ，円グラフの良さに気づかせたい。

T 帯グラフや円グラフは，全体をもとにしたときの各部分の割合を見たり，部分どうしの割合を比べたりするのに便利です。

ふりかえりシートが活用できる。

帯グラフ・円グラフの読み取り②

本時の目標 割合を表す帯グラフや円グラフを読み取り，実際の数量を求めたり，部分の割合を比べたりできる。

板書例

割合のグラフを読み取ろう

① 日本人が外国へ旅行している国別人数の割合

アメリカ	韓国	中国	台湾	タイ	香港	シンガポール	ベトナム	その他

0　10　20　30　40　50　60　70　80　90　100%

アメリカ 20%　　韓国 18%　　中国 15%　　台湾 11%
タイ 10%　　香港 5%　シンガポール 5%　　ベトナム 5%

グラフの中に書き込む

② 〈旅行者の人数　全体で約 1750 万人〉

アメリカは全体の 20%　　　　　　韓国は全体の 18%
　　20% → 0.2　　　　　　　　　　18% → 0.18

1750 万 × 0.2 = 350 万　　　1750 万 × 0.18 = 315 万

　　約 350 万人　　　　　　　　　　約 315 万人

POINT 「帯グラフ」や「円グラフ」から気がついたことを自由に出し合うことを通して，グラフから読み取ることの面白さを感じ

1 グラフから，海外旅行先の割合を読み取ろう

資料シートが活用できる。

T このグラフは，日本人が旅行に行く国や地域を割合にして表したものです。

C 日本人が行く割合が多いのはアメリカや韓国です。

T アメリカの中には，ハワイやグアムも入っています。

T それぞれの割合は何％ですか。

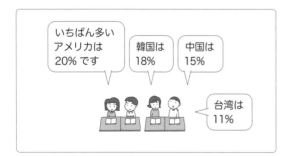

いちばん多いアメリカは20%です

韓国は18%

中国は15%

台湾は11%

基本となる％の読み取りを，前時に引き続き行う。

資料参考インターネット「キッズ外務省」

2 旅行先の人数を求めよう

T 2015 年〜 2019 年に海外旅行をした日本人は，約 1750 万人でした。その人数をもとにして，割合が表されています。では，アメリカへ旅行した人数は約何万人ですか。

C アメリカへ旅行した人は 20% でした。

C 1750 万人の 20% を求める。20% は 0.2 ですね。

C 1750 万人を 1 としたら，その 0.2 だからかけ算だ。

1750万 ×0.2 = 350万
アメリカへ行ったのは350万人です

同じようにして，韓国へ行った人数も求めてみよう

準備物
- 板書用グラフ
- 資料シート
- ふりかえりシート

ICT　板書用グラフのデータを配信し，子どもが考えを記入したものを，共有機能を使って全体共有するようにすると，対話的に考えを深めやすくなる。

3 〈旅行者の割合を比べる〉

アメリカは，タイの 2 倍　　20（%）÷ 10（%）= 2

中国は，香港の 3 倍　　　 15（%）÷　5（%）= 3

まとめ

各部分の割合から，実際の量を求めることができる。
部分どうしの割合を比べることができる。

4 1 世帯あたり年間 CO_2 排出量の割合（2021 年）

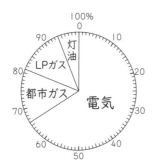

電気の割合は 66%

全体の約 $\frac{2}{3}$ にあたる

都市ガスは 15%

全体の約 $\frac{1}{6}$ にあたる

都市ガスの割合の約 4 倍が電気の割合

ることができるようにしましょう。

---

3 旅行先の割合を比べよう

T　アメリカの割合とタイの割合を比べたら，どうですか。

C　アメリカは 20% でタイは 10% です。

C　アメリカの割合は，タイの割合の 2 倍です。

T　中国の割合と香港の割合を比べたら，どうですか。

中国は 15%，香港は 5% だから

中国へ行った人は，香港へ行った人の 3 倍だね

15÷5 = 3 と計算したらいいね

T　割合で各部分同士を比べることもできますね。

学習のまとめをする。

4 いろんなグラフを読み取ろう

T　家庭での CO_2 排出量の割合を表した円グラフを見て答えましょう。

電気の割合は何%ですか。

C　電気の割合は 66% です。

C　全体の約 3 分の 2 になります。

C　次に多い都市ガスはどうですか。

15% です

全体の約 $\frac{1}{6}$ になります

都市ガスの約 4 倍が電気になります

灯油の約 2 倍が LP ガスです

グラフを見て気がついたことを出し合うことで，グラフを詳しく見たり，考察したりする力が培われる。

資料参考インターネット
「環境省　家庭内部の CO_2 排出実態統計調査」

ふりかえりシートが活用できる。

| 目本時の標 | 割合を求めて，帯グラフに表すことができる。 |

板書例

「好きな給食のメニュー」の割合を帯グラフにしよう

1 好きな給食のメニュー

メニュー	ラーメン	あげパン	カレーライス	うどん	からあげ	その他	合計
人数(人)	24	12	54	6	18	6	120
割合(%)	20	10	45	5	15	5	100

比べられる量÷もとにする量
120人

割合の合計が100になるか
確かめる

2

カレーライス

54 ÷ 120 = 0.45

0.45 → 45%

ラーメン　　24 ÷ 120 = 0.2　　→ 20%
あげパン　　12 ÷ 120 = 0.1　　→ 10%
うどん　　　6 ÷ 120 = 0.05　→ 5%
からあげ　　18 ÷ 120 = 0.15　→ 15%
その他　　　6 ÷ 120 = 0.05　→ 5%

POINT グラフに表すことで，表では気がつかなかったことが見えてくることがあります。教室全体でいろいろな意見が共有できる

1 帯グラフにするために必要なことを確かめよう

ワークシートが活用できる。

T　5年生全員に好きな給食のメニューを聞いてその
人数をまとめました。これを帯グラフに表します。
グラフに表すには何が必要ですか。

C　全体を100%として各部分の割合を表すグラフな
ので，それぞれのメニューの割合が必要です。

T　割合はどうやって求めたらよかったですか。

「もとにする量」は
全体の人数，「比べ
られる量」は各メ
ニューの人数です

割合は「比べられる量÷
もとにする量」だったから
カレーライスなら，
54人÷120人

2 それぞれの項目の割合を求めよう

T　他のメニューの割合もカレーライスと同じように
求めればいいですね。

割合の求め方を確認しながら各メニューの人数の割合を求
める。ここではグラフをかくことがねらいなので，電卓を使
って計算してもよいことにする。

T　割合の合計が100%になっていることを確かめま
しょう。

合計したら100%になっていて
良かったです。
もし，100%になってなかったら，
どうすればいいのですか

合計が100%にならない場合は，
いちばん大きい部分か，「その他」
の割合を増やしたり減らしたりして
100%になるように調整します

準備物
・電卓
QR 板書用表・グラフ
QR ワークシート
QR ふりかえりシート

ICT ワークシートのデータを配信し、子どもが考えを記入したものを、共有機能を使って全体共有するようにすると、それぞれの表現を比較検討しやすくなる。

3 〈帯グラフ〉

| カレーライス | ラーメン | からあげ | あげパン | うどん | その他 |

```
0  10  20  30  40  50  60  70  80  90  100%
```

まとめ
帯グラフのかき方

1 グラフの左から順にかく。
2 割合の大きい順に百分率で区切る。
3 「その他」はいちばん最後にする。

4 〈帯グラフから気がついたこと〉

・カレーライスがほぼ半分をしめている。
・カレーライスはからあげの3倍

※児童の発表を板書する。

ようにしましょう。

---

3 帯グラフに表そう

T 帯グラフをかくときに、注意したいことは次の3つです。

1 グラフの左からかく
2 割合の大きい順に、百分率で区切っていく
3 「その他」はいちばん最後

準備していた帯グラフを使用する。

帯グラフをかく時間をとる。

T 帯グラフがかけたら、隣の席の人と同じようにかけているか、確かめてみましょう。

学習のまとめをする。

4 帯グラフを見て気がついたことを話し合おう

帯グラフを見て、わかったことや気づいたことを隣同士で話し合い、最後にクラス全体で意見を共有する。

カレーライスは圧倒的に人気のメニューで、ほぼ半分をしめています

2位、3位、4位の3つのメニューの合計とカレーは同じ割合です

子どもたちから出た意見で、多くの同意を得たものを板書する。

ふりかえりシートが活用できる。

円グラフに表す

板書例

「5 年生の好きなスポーツ」の割合を円グラフにしよう

1 5 年生の好きなスポーツ

スポーツ	水泳	サッカー	野球	卓球	バスケットボール	その他	合計
人数(人)	21	15	14	8	11	6	75
割合(%)	28	20	19	11	15	7	100

比べられる量÷もとにする量
75人

割合の合計が100になるか確かめる

2

水泳
$21 ÷ 75 = 0.28$
$0.28 →$ 28%

サッカー $15 ÷ 75 = 0.2$ → 20%
野球 $14 ÷ 75 = 0.1866$ → 19%
卓球 $8 ÷ 75 = 0.1066$ → 11%
バスケットボール $11 ÷ 75 = 0.1466$ → 15%
その他 $6 ÷ 75 = 0.08$ → 8% → 7%

調整

POINT 実際の場面を割合に表すと, 本時のように概数で表すことが多い。100% になるように工夫することも必要になる。そのた

1 円グラフにするために必要な数を求めよう

ワークシートが活用できる。

T 5 年生 75 人に好きなスポーツを聞いて, その人数をまとめました。これを円グラフに表します。まずすることは何でしたか。
C 各スポーツの割合を求めます。
C 割合を百分率で表しておきます。
T 割合はどうやって求めたらよかったですか。

「もとにする量」は全体の人数,「比べられる量」は各スポーツの人数です

割合は
「比べられる量÷もとにする量」
だから
水泳なら, 21÷75 = 0.28 で28%

2 それぞれの項目の割合を求めよう

T 他のスポーツも水泳と同じようにできますね。

電卓を使って計算してもよいことにする。

C 野球が割り切れません。$14 ÷ 75 = 0.18666…$ になります。
T こういう場合は, 小数第 3 位を四捨五入して小数第 2 位までの概数にしたらいいですよ。

割合を求めるときに, 四捨五入で概数にした場合は特に, 合計が 100% になっているかよく確かめましょう

確かめたら, 合計が 101% になっていました。私は, その他の 8% を 7% にすることで 100% にしました

| 準備物 | ・電卓
QR 板書用表・グラフ
QR ワークシート
QR ふりかえりシート | I
C
T | ワークシートのデータを配信し、子どもが考えを記入したものを、共有機能を使って全体共有するようにすると、それぞれの表現を比較検討しやすくなる。 | |

3 〈円グラフ〉

100%
0

90

10

その他

卓球　水泳　20

80

バスケットボール　30

70　サッカー

野球

60　40

50

まとめ　円グラフのかき方

1　グラフの真上から
　右回りにかく。
2　割合の大きい順に
　百分率で区切る。
3　「その他」はいちばん
　最後にかく。

4 〈円グラフから気がついたこと〉

・水泳とサッカーで 48% だから半分ぐらいになる。

・サッカー，野球，バスケットボールはほとんど

　同じぐらいの割合。　　　　　※児童の発表を板書する。

めにも，本時のような学習をしておくことは大切です。

3 円グラフに表そう

T　円グラフをかくときに，注意したいことは帯グラフとほぼ同じで，次の3点です。

1　グラフの真上から右回りにかく
2　割合の大きい順に，百分率で区切っていく
3　「その他」はいちばん最後

準備していた円グラフを使用する。

円グラフをかく時間をとる。

T　円グラフがかけたら，隣の席の人と同じようにかけているか，確かめてみましょう。

学習のまとめをする。

4 円グラフを見て気がついたことを話し合おう

円グラフを見て，わかったことや気づいたことを隣同士で話し合い，最後にクラス全体で意見を共有する。

水泳とサッカーで
48% で，半分ぐらいに
なります

サッカーと野球と
バスケットボールは
同じぐらいの割合です

子どもたちから出た意見で，多くの同意を得たものを板書する。

ふりかえりシートが活用できる。

2 つのグラフを比べる

もとの量が異なる 2 つのグラフを比べて，割合だけでは判断できない場合があることが理解できる。

板書例

2 つのグラフを比べよう

1 2013 年と 2018 年の国別訪日外客数を比べよう

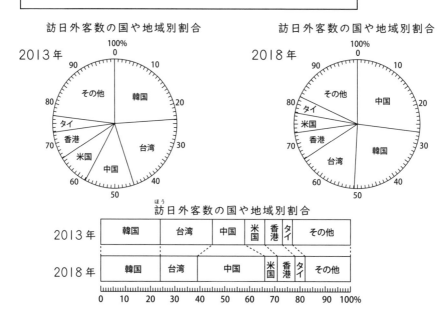

POINT 「割合」が同じだと人数も同じだと思ってしまうことがあります。子どもたちには，そんな割合マジックにひっかからない

1 日本へ訪れた外国人客はどこの国からが多いか，調べよう

T 2013 年の国別の訪日外客数の割合を見て，どこの国から来ている人が多いですか。

C 韓国，台湾，中国の人が多いです。

T では，2018 年のデータと比べてみましょう。

2013 年と 2018 年の帯グラフと円グラフの資料を配布し，黒板にも掲示する。

上位 6 か国は 2013 年と変わらないね

順番は変わっているけど，やっぱりアジアの国の人が多いよ

2 2つのグラフを比べて見て，考えよう

T 2つのグラフを比べながら，㋐～㋒が，「正しい」「正しくない」のどちらになるかを考えましょう。

㋐ 2018 年は，中国と韓国で全体の約 $\frac{1}{2}$ をしめる。

㋑ 韓国の 2013 年と 2018 年の訪日外客数はほぼ同じである

㋒ 台湾の 2018 年の訪日外客数は，2013 年に比べ減っている

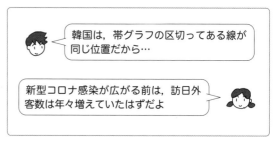

韓国は，帯グラフの区切ってある線が同じ位置だから…

新型コロナ感染が広がる前は，訪日外客数は年々増えていたはずだよ

帯グラフは，基本的には，左から割合の大きい順に並べてかくが，2 つのグラフで変化を見る場合は，順番を同じにする場合もあることを説明しておく。

2 〈「正しい」「正しくない」？〉

> ㋐ 2018 年は，中国と韓国で全体の約 $\frac{1}{2}$ ……○
> ㋑ 韓国の 2013 年と 2018 年の訪日外客数は同じ ……×
> ㋒ 台湾の 2018 年の訪日外客数は 2013 年に比べ減っている ……×

3

4

↓理由

| もとにする量（全体の人数） | | | |

		もとにする量（全体の人数）			
㋑	2013 年	1036 万人の	24%	約 249 万人	割合は同じでも 人数は増えている
	2018 年	3119 万人の	24%	約 749 万人	
㋒	2013 年	1036 万人の	21%	約 218 万人	割合は減っても 人数は増えている
	2018 年	3119 万人の	15%	約 468 万人	

> 「割合」だけでは判断できない → 同じ割合でも，「もとにする量」（全体の人数）
> 「比べられる量」（部分の人数）はちがう

ように気をつけて資料を見てほしいという願いを込めて授業をしましょう。

3 なぜそう考えたのか理由を説明しよう

C ㋐は円グラフを見たら一目瞭然です。中国と韓国で全体の約 $\frac{1}{2}$ の割合です。

T ㋑についてはどうでしょう。まず，「正しい」と答えた人から理由を言ってみましょう。

C 2013 年，2018 年どちらも 24% で同じだからです。

T 「正しくない」と答えた人はどうですか。

> 確かに割合は 24% で同じです。ただ，何の 24% かがわかりません。もとにする量がわからないので「正しくない」と思います

> 前の授業で，訪日外客数は年々増えている折れ線グラフを見ました。だから，全体の人数が増えれば，同じ割合でもその人数は増えると思います

4 全体の訪日外客数をもとに考えよう

T 全体の訪日外客数は，2013 年は約 1036 万人，2018 年は約 3119 万人です。

C 全体の人数が約 3 倍になっているんだね。

T 2 つの年の韓国の訪日外客数を求めてみましょう。

> 2013年は，
> 1036万×0.24=2486400
> 2018年は，
> 3119万×0.24=7485600

> 全体の人数が約3倍だから，24%の人数も約3倍だ

㋒も，全体の人数をもとに各年の台湾の訪日外客数を求め，割合は減っているが，実際の人数は増えていることを確かめる。

学習のまとめをする。
ふりかえりシートが活用できる。

板書例

調べたいことを整理して発表しよう

1 ｜ ぎもんに思ったこと

⇓

課題にする ⇒ **2** ｜ データを集めて整理する

・海外旅行者の人数の変化
・どこの国へ行きたい人が多いか, その人数と割合
・自分たちの学校で好きな給食
・自分たちの学校で好きなスポーツや, やっているスポーツは何だろうか。

データを集める方法
・インターネット
　… 情報の信頼性
　… ふさわしい情報か
・アンケート
　…データの整理方法
・適したグラフを選ぶ。
　…円グラフ・帯グラフ
・数字はがい数にしてもいい

POINT ｜ 調べてみたいと思ったことを Ⓟ roblem →Ⓟ lan →Ⓓ ata →Ⓐ nalysis →Ⓒ onclusion のサイクルで調べて, 解決してい

1 Ⓟ 何か調べたいと思うことを出し合おう

T　いろんなグラフの読み取りをしたときに, 自分たちでも同じようなことを調べてみたいと思っている人がいましたね。

> 自分たちの好きな給食のメニューを調べてみたい

> 新型コロナがおさまった後の外国から訪れる人の様子も知りたい

> みんなが行ってみたい国を調べてみたい

Ⓟ　T　課題ごとにグループになって, どんなデータをどのように集めるかを計画しよう。
C　インターネットを使って調べよう。
C　アンケートを取ろう。

2 Ⓓ 目的に合ったデータを整理しよう

T　集めたデータが課題解決の目的に沿った相応しいものかどうかを話し合い, 先生にも相談しましょう。必要なデータだけを整理して使いましょう。

> 人数の変化だから, 折れ線グラフにするのがいいと思う

> 割合を表すグラフは, 帯グラフや円グラフだよ

> インターネットに情報があったけど, 本当に信用できるのかなあ

Ⓐ　T　表やグラフの表し方が相応しいか, もう一度話し合い, 先生にも相談しましょう。表やグラフができたら, どんなことがわかるのか, まずは1人ずつで考えて文に書きましょう。
　グループのみんなが書けたら, それをグループ内で話し合いましょう。

3 ⇒ 結論を出す

まとめ方
分かったことを一人一人が書く
グループで話し合う

⇓

4 発表の準備をする

掲示方法を工夫する
発表の練習をする(発表時間は5分間)
班のみんなが必ず一言ずつは発表する
　グラフの特徴とグラフからわかることを
　くわしく発表する

```
　　　　　題
調べようと思った理由
予想
調べた結果
グラフとわかったこと

感想
　　　　名前
```

※児童の感想を板書する

くようにしましょう。

---

3 C 感想をまとめて，結論を出そう

新型コロナ感染がおさまって海外旅行をする人が増えているけど、増え方は、訪日外客数ほどではないね

人数の変化を表すのは折れ線グラフだけど、昔に比べて国別の割合がどうなっているかを表すのは割合のグラフだね

どこの国へ行ってみたいと思っているのか、アンケートの結果を円グラフにしてみよう

台湾や韓国から来る人がとても多い割合だったけど、行く人の割合と比べてみよう

T 右のような項目でまとめて，発表の準備をしましょう。

```
　　　　　題
調べようと思った理由
予想
調べた結果
グラフとわかったこと

感想
　　　　名前
```

4 よく伝わるように発表の練習をしよう

T 何を使って発表するかを決めます。発表したことを掲示しておきたいので，ロール紙にかきましょう。グラフは，別の方眼用紙にかいて貼り付けるようにすると能率良く作業ができます。

C 役割分担を決めてしよう。

C わかりやすいように字の大きさや色使いにも気をつけて仕上げよう。

C 掲示物にもなるから，丁寧にかこう。

T まとめることができたら，発表の練習をします。発表時間は5分間ずつです。いちばんに言いたいことが伝わるようにしましょう。班のみんなが必ず一言ずつは発表するようにしましょう。グラフについては，グラフの特徴とグラフからわかることをできるだけ詳しく発表しましょう。

　学習の感想を書く。

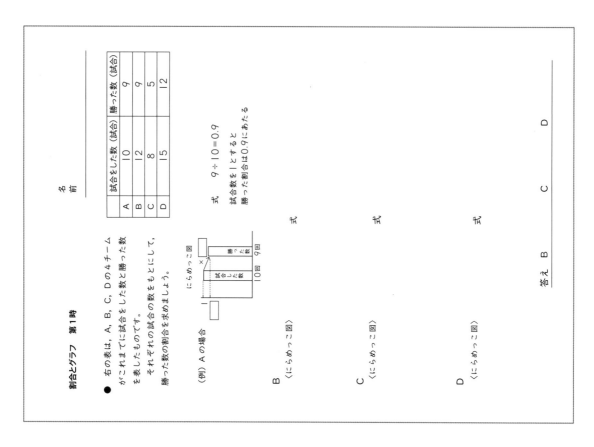

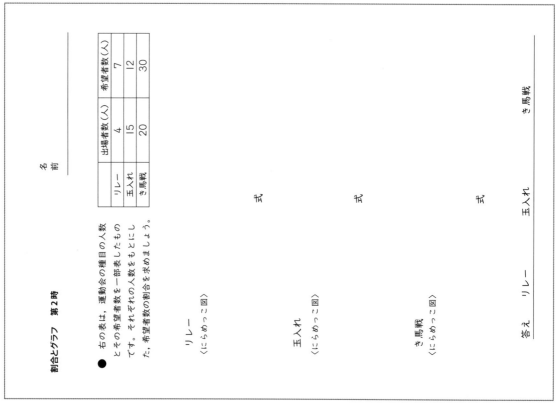

割合とグラフ　第 9 時

名前＿＿＿＿＿＿＿＿＿

1 次のグラフは、乗用車の色別の割合を表したものです。

乗用車の色別の割合

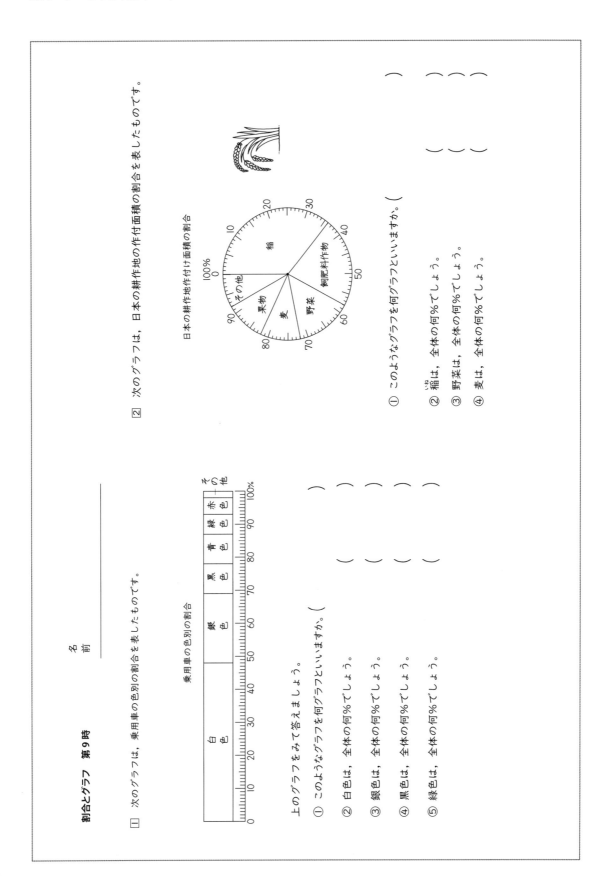

上のグラフをみて答えましょう。

① このようなグラフを何グラフといいますか。（　　　　）

② 白色は、全体の何％でしょう。（　　　）

③ 銀色は、全体の何％でしょう。（　　　）

④ 黒色は、全体の何％でしょう。（　　　）

⑤ 緑色は、全体の何％でしょう。（　　　）

2 次のグラフは、日本の耕作地の作付面積の割合を表したものです。

日本の耕作地作付面積の割合

① このようなグラフを何グラフといいますか。（　　　　）

② 稲は、全体の何％でしょう。（　　　）

③ 野菜は、全体の何％でしょう。（　　　）

④ 麦は、全体の何％でしょう。（　　　）

割合とグラフ B 案
（百分率に入るまでの学習内容）

◎ 学習にあたって ◎

<この単元で大切にしたいこと>

　　割合という言葉は，実は数学用語ではありません。日本の算数数学教育において伝統的に使われている言葉といってよいでしょう。学習指導要領では，「2 量を乗法的関係で比べるために割合を用いる」と記述がありますが，割合そのものの定義はありません。一般的にいって割合とは「ある量をもとにして，比べられる量がもとにする量の何倍にあたるかを表したもの」，また「もとにする量を 1 としたときの比べられる量の大きさを表したもの」と考えて差し支えないでしょう。

　　ここで注意してほしいことは，割合の意味は「比べる量をもとにする量でわった数字」ではないことです。計算はあくまでも手段であって意味ではありません。ところが多くの割合の学習は，手段のみを教え，意味を理解させていません。広く使われている「く・も・わ」の解法がその象徴といえるのではないでしょうか。言葉の式に当てはめて計算する練習をいくら反復しても，子どもたちに割合の意味は見えてきません。それが例えば学力状況調査などでの割合に関する問題の正答率が低く，一向に改善されない最大の理由ではないかと考えます。

　　そこで本書では，割合の意味をしっかり理解することを大切にしています。そのために，「割合測定器」という教具を使います。この教具でたっぷり遊ぶことが図をかいて考えるための決定的な基盤になっています。学習目標を達成させるために，この教具は欠かせません。簡単に作れるものですので，ぜひ子どもの数分準備していただきたいと思います。

　　子どもたちは倍の学習を 2 年生から，割合についても 4 年生から学習していますが，意味が理解できないままの状態で多くの子どもが 5 年生で「割合」を学習します。本書では，既習内容に依拠することなく，割合の基本事項から学ぶ事を前提にしています。

<数学的見方考え方と操作活動>

①「1，2，3…」と数えることのできるもの（分離量）の「1」，単位を使って測り取る「1」（連続量），そして高学年になり「任意の量を 1 としてみる」という，「1」への認識を発展させることが，数学へつながる基礎となります。

②「量×量，量÷量」から「量×数・量÷数」へと，乗除の意味を拡張をします。それぞれは別個のものではなく関連していることが理解できるようにしましょう。

<個別最適な学び・協働的な学びのために>

　　本単元では，子どもたちが最適な学びをし，考えを深めるための手立てとして教具と図を扱います。図を使って考えることは，どの本を読んでも誰もがその大切さを強調するところです。しかしその肝心な図を，意味や必要性を感じさせることなく教え，何度も練習させるだけでは，定着しません。楽しく興味をもって行った操作活動がそのまま図になり，考える道具になることが，思考や話し合いのための手立てになるのだと考えます。

　　また，本単元で扱う割合の 3 用法の乗除が，既習の量の乗除とつながっていることに気付くことも，学習を深める意味で期待されます。この内容は，子どもに教えなくても指導者としては意識しておいてほしいことです。

◎ 評 価 ◎

知識および技能	「ある量を1としてみたときの他の量の大きさ」という割合の意味を理解し，割合の3用法（①比較量÷基準量＝割合，②基準量×割合＝比較量，③比較量÷割合＝基準量）の立式ができる。
思考力，判断力，表現力等	割合の問題を文や図に書いて整理し，調べたり考えたり説明したりする。
主体的に学習に取り組む態度	割合に関心を持ち，文や図に書いたり調べたりしようとする。

◎ 指導計画　6 時間 ◎

時	題	目　標
1	割合測定器	割合測定器を使って割合を測る活動を通して，「ある量を1としたときの，ほかの量の大きさを表した数」という割合の意味を理解する。
2	割合の図	割合測定器で測った割合を図や文で表す方法を考える。
3	比べる量を求める	比べる量を求める計算が，「もとにする量」×「割合」であることを理解する。（割合の第2用法）
4	割合を求める	割合を求める計算が，「比べる量」÷「もとにする量」であることを理解する。（割合の第1用法）
5	もとにする量を求める	もとにする量を求める計算が，「比べる量」÷「割合」であることを理解する。（割合の第3用法）
6	割合の文章問題（混合）	3つの用法が混合した割合の文章問題を，図を使って立式し，答えを求める方法を理解する。

第 **1** 時
割合測定器

板書例

王様オバケの身長を 1 にして，ほかのオバケの身長を測ろう

1 王様より小さい　1 より小さい数になる（0.□）
王様より大きい　1 より大きい数になる

今日の王様
ムカデ棒
ガマン鳥

2

1 にしたオバケ						
ムカデ棒	2	1.5	1.2	1	0.7	0.5
ガマン鳥	2.8	2.1	1.7	1.4	1	0.7

} 割合

POINT 「割合測定器」を使えば，ある量を 1 としたときのほかの量の大きさが一目瞭然です。詳しい使い方は QR コードから視聴

1 王様オバケの身長を 1 として，ほかのオバケ達の身長を測ってみよう

T　毎日王様が変わるオバケの島にやって来ました。今日は「ムカデ棒」が王様です。ムカデ棒を 1 として，ほかのオバケ達の身長を数字で表してみましょう。

事前に，以下のことを確かめておく。
・王様より小さい場合は「0.□」という数になる。
・大きい場合は 1 より大きな数になる。

> どうやって考えてもいいです。グループの人と相談してもいいですよ

> 定規で測ってもよくわからないなぁ

> オバケを切り取って折ってみようかな

　ここでは，難しさを実感できれば十分で，答えが出るまでは求めない。

2 割合測定器を使ってオバケ達の身長を測ろう

T　オバケ達の身長を発表してください。
C　「ムカデ棒」が 1 なのはみんな同じだけど，ほかのオバケの数字はばらばらだ。困ったな。
C　王様が変わると「1」も変わるから大変だよ。何かいい方法はないのかな？
T　じゃーん！ここに「1」を自由に変えられる便利な物差しがあります。使ってみますよ。

　最初に割合測定器の使い方を実演して見せ，全員にひとつずつ配る。

> すごい！王様に 1 の目盛りを合わせたら，ほかのオバケたちの身長がすぐに測れるよ

> おもしろいし便利な道具だな

準備物	・割合測定器
	QR オバケのイラスト
	QR 動画「割合測定器の作り方と使い方」
	QR ワークシート　QR 動画「割合の授業案」

I C T	ワークシートのデータを配信し、子どもが測ったものと割合を整理して共有機能を使って全体共有すると、互いに情報を補い合いやすくなる。

3 〈いろいろなものを測ってみよう〉

測ったもの ⓑ	1にしたもの ⓝ	数	
ノートのたて	ノートの横	1.4	
消しゴム	えんぴつ	0.2	
ボールペン	三角じょうぎ	①	←同じ大きさ
ふでばこ	のり	1.8	

4

まとめ

　ある量を1にしてほかのものの大きさを表した数のことを割合といいます。

ノートのたてⓑ，横ⓝの <u>1.4</u> です。

消しゴムⓑ，えんぴつ ⓝ <u>0.2</u> です。

しましょう。

---

3 何かの長さを1にして，ほかのものを測ってみよう

C　今度はガマン鳥を「1」にしないといけないね。

C　同じオバケでも，1にする王様が変わると他の数も変わるね。

T　この物差しを使って，何かの長さを1にしていろいろなものを測り，みんなに発表しましょう。

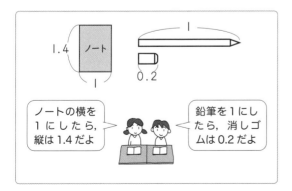

　測ったものはノートに記録する。その時，「何を測ったか」「何を1にしたか」「測った数は何か」の3つが必要なことに気づき，その順番で記録し，発表する。

4 割合測定器を使って活動したことを言葉でまとめよう

　子どもの言葉を使いながら，割合の意味を伝える。

T　ある量を1にして，ほかのものの大きさを表した数のことを割合といいます。

　学習のまとめをする。
　「「測ったもの」は，「1にしたもの」の「測り取った数」です。」という文型を示し，ノートに記録した割合をこの文型で発表させる。

　この時，割合の数で大小関係が判断できること，割合が1ということは大きさが等しいことを確認する。
　割合測定器を持ち帰らせ，自由に割合を測りノートに記録してくることを家庭学習にする。

第 **2** 時

割合の図

本時の目標 | 割合測定器で測った割合を図や文で表す方法を考える。

板書例

割合を図で表す方法を考えよう

1

〈測ってきた割合を文で表す〉

・ジャガイモ は，ニンジン の 0.5 です。 ➡ ニンジン の 0.5 は，ジャガイモです。

・リモコン は，コップ の 1.8 です。 ➡ コップ の 1.8 は，リモコンです。

※児童の発表を板書する。

比べる量 は もとにする量 の 割合 です。 ➡ もとにする量 の 割合 は，比べる量 です。

いつも「の」でくっついている。

もとにする量 の 割合

2

〈割合の図のかき方〉

① 1にする量に1の目盛りを合わせた図をかく。

② 割合の数字を書きこむ。

③ 割合に合わせて比べる量を書きこむ。

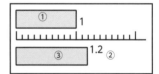

POINT 子どもたちが学習していく上で有効な図は，教え込まれたものではありません。楽しく活動したことをそのまま図に表せる

1 割合測定器を使って測ってきた割合を発表しよう

C ジャガイモは，ニンジンの 0.5 です。

C リモコンは，コップの 1.8 です。

この時，「測った量」は「比べる量」，「1 にした量」は「もとにする量」という言葉を使うことを教える。

> 「ジャガイモは， ニンジンの 0.5 です」
> 比べる量 は もとにする量 の割合です

> この言い方を次のように言い換えることもできます
> もとにする量 の割合は 比べる量です

T 文を言い換えてみましょう。

C ニンジンの 0.5 は，ジャガイモです。

C 「もとにする量」と「割合」が「の」でつながっているのは同じだね。

2 割合を図で表す方法を考えよう

T 割合を測った場面を先生が絵にしてきました。まずは文に表してみましょう。

ワークシートを使用して学習する。

C ヘビの 1.2 はモスラの幼虫です。

C ワニの 0.2 はねずみです。

T 絵で表すと，わかりやすいですね。でもいつも絵を描くのも大変ですよね。

> 絵をもっと簡単な図にすることはできないでしょうか。どんな図にしたらいいかグループで話し合いましょう

> もとにするものと比べるものを長方形にしてしまったらどうかな

> 割合測定器は，目盛りだけあればいいと思うよ

3 〈割合の図にしてみよう〉

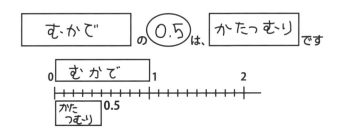

4 〈割合の図を文にしてみよう〉

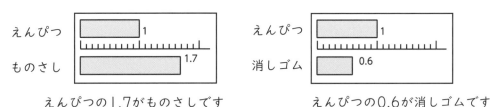

えんぴつの1.7がものさしです　　　　えんぴつの0.6が消しゴムです

ように，話し合いながら見つけ出すことで，豊かで確かな，必要性が理解できるといえます。

---

3 子どものアイデアを生かしながら，割合の図にしよう

① 比べる量ともとにする量はテープ図（長方形）にする
② 割合測定器は目盛りだけかけばよい

　量をテープ図ではなく線で表すという考え方もあるが，実際に描いて比べてみるとテープ図の方がわかりやすい図になる。しかし，線が良いという意見が大きければ，それでも構わない。

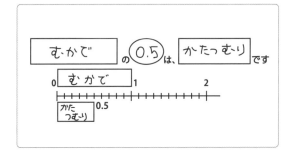

学習のまとめをする。

4 割合の文から図をかいたり，図から文を書いたりしてみよう

Ｔ　割合の文を割合の図に表してみましょう。

　割合の文を図に表す。

Ｔ　次に，割合の図を見て，割合の文を書いてみましょう。

　図を提示して，文に表す。

Ｔ　どの図も必ず同じところがあります。まずはそれを書いたら書きやすくなりますよ。

もとにする量を目盛りの1に合わせているところはいつも同じだね

だって，そうしないと割合は測れないからね

比べる量を計算で求める方法を考えよう

1
> カラミンの身長は，ムカデ棒の2だそうです。ムカデ棒の身長は8cmです。カラミンの身長は何cmでしょう。

2
> コッコー星人の身長は，ムカデ棒の1.2だそうです。コッコー星人の身長は何cmでしょう。

式　　8 × 2 = 16
　　　　　　　　16cm

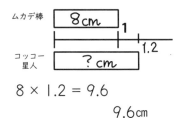

ムカデ棒 | 8cm | 1
コッコー星人 | ?cm | 1.2

8 × 1.2 = 9.6
　　　　　　　9.6cm

> かけ算のわけ

・割合が1.2ということは，1.2倍だから

・1あたりが8cmとしたらいくつ分が1.2になるから

POINT 本書では，理解しやすい「比べる量」を求めるかけ算（第2用法）から学習します。常に図を書くことで，図と演算決定を

 「比べる量」を計算で求める方法を考えよう

T　カラミンの身長は，ムカデ棒の2です。ムカデ棒の身長は8cmです。カラミンの身長は何cmでしょう。

C　図に表してみよう。「ムカデ棒の2」とあるから，「もとにする量」は「ムカデ棒」だね。

C　ムカデ棒を目盛りの1に合わせてかこう。

C　8cmの2倍だから16cmです。8 × 2で求められるよ。

> それでは，コッコー星人の身長は，ムカデ棒の1.2だそうです。コッコー星人の身長は何cmかわかりますか

> 実際に何cmか定規で測ってみたら，9.6cmぐらいだね。

> 割合が小数でもさっきと同じように計算で求められるのかな

 比べる量を求める計算は，どんな計算になるか説明しよう

T　8cmの1.2は何cmになるのかを，計算で求める方法を説明しましょう。

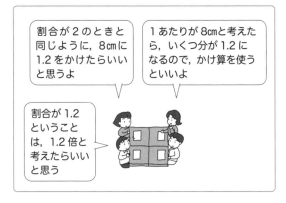

> 割合が2のときと同じように，8cmに1.2をかけたらいいと思うよ

> 1あたりが8cmと考えたら，いくつ分が1.2になるので，かけ算を使うといいよ

> 割合が1.2ということは，1.2倍と考えたらいいと思う

C　計算で求めた長さと，図にかいた長さが同じになったよ。

　隣同士やグループで，「比べる量」を求める計算がなぜ「かけ算」になるのかを話し合う。

3

> ガマン鳥はムカデ棒の 0.7 です。ガマン鳥の身長は何cmでしょう。

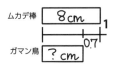
ムカデ棒 [8cm] 1
0.7
ガマン鳥 [? cm]

式　$8 × 0.7 = 5.6$　　<u>5.6cm</u>

まとめ

> 比べる量を求める計算の式
> [もとにする量] × [割合] = [比べる量]

4　〈練習問題〉

> 45g の 0.8 は, □g です。

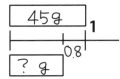
[45g] 1
0.8
[? g]

式　$45 × 0.8 = 36$　　<u>36g</u>

結びつけることができるようにします。

3　比べる量を求める計算の式を, 言葉の式にまとめよう

Ｔ　ガマン鳥はムカデ棒の 0.7 だったね。ガマン鳥の身長もかけ算で求められるかな。図にかいて計算と合っているか確かめてみよう。

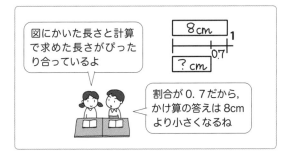

図にかいた長さと計算で求めた長さがぴったり合っているよ

割合が 0.7 だから, かけ算の答えは 8cm より小さくなるね

　もとにする量の数字を変えた問題をいくつか解いた後, 言葉の式にまとめます。

Ｔ　言葉の式に表してみましょう。

[もとにする量] × [割合] = [比べる量]

　学習のまとめをする。

4　割合の練習問題をやってみよう

　ワークシートの問題（第2用法）をする。

Ｔ　まずは図にかいてから立式し, 計算しましょう。

　第2用法だけの問題のため, わざわざ図にかくのが面倒に思うかもしれないが, かくようにする。

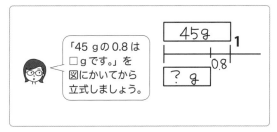

「45 g の 0.8 は □g です。」を図にかいてから立式しましょう。

　図は, 割合を表す数直線に目盛りを打つ必要はない。1の目盛りと, 割合のおよその位置の2箇所だけでもよい。その時に, 割合が1より大きいか小さいかだけはしっかり確認する。
　長さ以外の量を文章題の中に取り入れている。割合はほかの量でも考えることができ, 図も同じようにかいてよいことを指導する。

　ふりかえりシートが活用できる。

板書例

割合を計算で求める方法を考えよう

1

体重が 5kg のガマン鳥をもとにすると，体重が 15kg のコッコー星人の割合はどれだけになるでしょう。

図

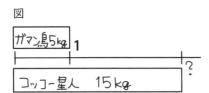

ガマン鳥5kg　1

コッコー星人　15kg　?

式　15 (kg) ÷ 5 (kg) = 3
　　　わり算
　　　　　　　3

（わけ）・15kg の中に 5kg は 3 つ入るから
　　　　・5kg の 3 倍が 15kg だから

2

体重 5kg のガマン鳥をもとにすると，体重 12kg のムカデ棒の割合はどれだけになるでしょう。

図

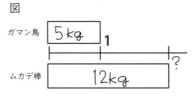

ガマン鳥　5kg　1

ムカデ棒　12kg　?

式　12 (kg) ÷ 5 (kg) = 2.4
　　　わり算
　　　　　　　2.4

POINT　図をもとにして，既習事項である「いくつ分を求める包含除」の拡張として，わり算の式を子どもたちが話し合って見つけ

1 割合を計算で求める方法を考えよう

T　体重が 5kg のガマン鳥をもとにすると，体重が 15kg のコッコー星人の割合はどれだけになるでしょう。図をかいて割合がどのくらいか予想しましょう。

C　コッコー星人はガマン鳥の 3 つ分になるよ。

C　15 (kg) ÷ 5 (kg) = 3　わり算になる。

T　それでは，体重 5kg のガマン鳥をもとにすると，体重 12kg のムカデ棒の割合はいくつでしょう。

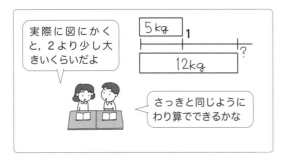

実際に図にかくと，2 より少し大きいくらいだよ

5kg　1

12kg　?

さっきと同じようにわり算でできるかな

2 割合を求める計算は，どんな計算になるか説明しよう

T　12kg は 5kg のどれだけになるのか，割合を計算で求める方法を説明しましょう。

15 (kg) ÷5 (kg) のときと同じように，12kg を 5kg でわったらいいと思うよ

5kg の何倍が 12kg になるかと考えたらいいと思う

12kg の中に 5kg が何個入るのかと考えたら，わり算になるよ

C　図にかいて予想した割合とおよそ同じ答えになった。

12 (kg) ÷ 5 (kg) = 2.4　を確認する。

3

体重 5kg のガマン鳥をもとにすると、体重 3kg のペラペラーリの割合はどれだけになるでしょう。

図

ガマン鳥 `5kg` 1

割合は1より小さい

ペラペラーリ `3kg` ?

式

3（kg）÷ 5（kg）= 0.6

0.6

まとめ

割合を求める計算の式

| 比べる量 | ÷ | もとにする量 | = | 割合 |

4

＜練習問題＞ 5年2組のクラスの人数 25 人をもとにしたときの男子の人数 14 人の割合

`25人` 1

`14人` ?

式

14 ÷ 25 = 0.56

0.56

られるように学習を展開しましょう。

3 割合を求める計算の式を、言葉の式にまとめよう

T　体重 5kg のガマン鳥をもとにして、体重 3kg のペラペラーリの割合はどれだけか、同じように計算できるでしょうか。図にかいて計算と合っているか確かめてみましょう。

> ペラペラーリの方が軽いから、図にかくと割合は1より小さくなるはずだね

> あれ？ 1.666 になったよ。どこを間違えたのだろう

> 「もとにする量」でわるわり算だから、5 ÷ 3 ではなく 3 ÷ 5 になるよ

「もとにする量」でわることを強調し、割合を求める問題をいくつか解いた後、言葉の式にまとめる。

| 比べる量 | ÷ | もとにする量 | = | 割合 |

4 割合の練習問題をやってみよう

ワークシートの問題（第1用法）をする。

T　まずは図にかいてから立式し、計算しましょう。

わる数とわられる数を取り違える間違いが多いので、大小関係に気をつけながら図にかき、割合が1より大きいのか小さいのかを確かめてから計算することが大切。

図をかく際に、割合を表す数直線に正確に目盛りを打つことは難しいので、割合のおよその位置に目盛りを打てばよいことを助言する。その時に、割合が1より大きいか小さいかだけはしっかり確認するように伝える。

問題に、人数などの分離量を扱う問題を混ぜるようにし、長さや重さ、面積などと同じように考えてよいことを指導する。

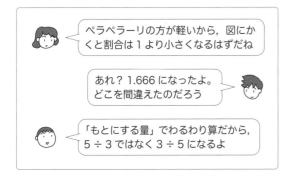

ふりかえりシートが活用できる。

もとにする量を求める

板書例

もとにする量を計算で求める方法を考えよう

1

オバケクラブに入りたい人が定員の3倍集まりました。
入りたい人は 36 人です。定員は何人ですか。

図

×
36人	1

割合

?人	3

○
?人	1

36人	3

定員…もとにする量…? 人
入りたい人…比べる量…36 人

1 を求める計算＝わり算

式　36 (人) ÷ 3 = 12 (人)

<u>　　　　12人　　　　</u>

2

オバケクラブの遠足です。
おやつ代は 300 円です。これは去年のおやつ代の1.2 倍です。
去年のおやつ代はいくらですか。

図

?円	1

300円	1.2

割合

去年のおやつ代…もとにする量…? 円
今年のおやつ代…比べる量…300 円

1 を求める計算＝わり算

式　300 (円) ÷ 1.2 = 250 (円)

<u>　　　　250 円　　　　</u>

POINT しっかり図をかき,「比べる量」と比べて大きくなるか, 小さくなるか, およその答えを予想してから立式する過程を大切に

1 もとにする定員の人数は何人かを求めよう

問題文を板書します。

T　オバケクラブの定員は何人でしょう。

図がかけますか？　図をかいてどんな計算になるのか考えましょう

もとにする量は何かな？

36 人はどこに書くの？図をかくのが難しいな

　図をかくとき, 36 人を「もとにする量」のところに書いてしまう間違いが多いと思われる。最初は子どもに自分で考えさせてから次の2点を話し合って確認する。図をかくことができれば, 立式はしやすい。

① 「定員の3倍」という文から「定員」がもとにする量である
② 36 人が比べる量である

C　もとにする量を求める問題だね。式は 36 ÷ 3 です。

2 もとにする量を求める計算は, どんな計算になるのか説明しよう

T　去年のおやつ代は何円ですか。
　図をかいて, どんな式になるか考えましょう。

「去年のおやつ代の1.2 倍」とあるから, もとにする量が去年のおやつ代だね

さっきの問題と同じように, 300 円を 1.2 でわったらいいと思うよ

図をかくと, 今年はおやつ代が増えたことがわかるね

　多くの子が小数でわる計算を「意味がわからない」と感じている。前の問題と関連させながら「もとにする量を求める」=「1 を求める」であることを話し合いの中で理解させ, 式を確認する。

300 円 ÷ 1.2 = 250 円

| 準備物 | ワークシート
 ふりかえりシート | I
C
T | 子どもたちが自分の考えを図や式などで
ノートに表現したものを写真撮影し，共
有機能を使って全体共有することで，互
いの考えを比較検討しやすくなる。 |

3

> 次の年にオバケクラブに入った人は，定員の0.8
> で，入った人は16人でした。この年の定員
> は何人ですか。

図

定員は16人
より多い

式 　16（人）÷ 0.8 = 20（人）

　　　　　　　　　　　　20人　　☆1を求めるからふえた

まとめ
> もとにする量を求める計算の式
> 比べる量 ÷ 割合 = もとにする量

4

〈練習問題〉① 　あいさんは本を120ページ読みました。これは，本全体の0.6にあたります。
　　　　　　　　本は全部で何ページですか。

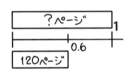

式 　120（ページ）÷ 0.6 = 200（ページ）

　　　　　　　　200ページ

しましょう。既習の「1あたりを求めるわり算」と関連づけて話し合いましょう。

3 もとにする量を求める計算の式を，言葉の式にまとめよう

T 「定員の0.8が16人でした。」もとにする量の定員を計算で求める方法を説明しましょう。

「÷ 0.8（真小数）」によって「1」を求めるわり算は，多くの子にとって特に「できてもわからない計算」になる。図を使ってしっかり話し合い，「1を求めるわり算」が理解できるようにし，言葉の式にまとめたい。

比べる量 ÷ 割合 = もとにする量

4 割合の練習問題をやってみよう

ワークシートの問題（第3用法）をする。

T 　まずは図にかいてから立式し，計算しましょう。

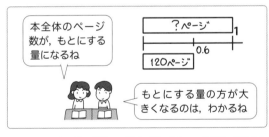

もとにする量の部分に「?」が入るので，注意して図をかくようにさせたい。もとにする量を求める場合，真小数でわり，商が大きくなる問題が多くなる。なぜ商が大きくなるのかを，図をもとに納得できるように助言しながら学習を進めたい。

・もとにする量を求めるのは，1あたりを求めることと同じである。
・割合が1より小さいときは，比べる量よりもとにする量の方が大きくなる。

ふりかえりシートが活用できる。

割合の文章問題（混合）

板書例

割合の文章問題をとく方法を見つけよう

1
A 比べる量 が？　　　B 割合 が？　　　C もとにする量 が？

もとにする量 × 割合　　　比べる量 ÷ もとにする量　　　比べる量 ÷ 割合

2

3　① 55人 の ？ は 132人 　B

図 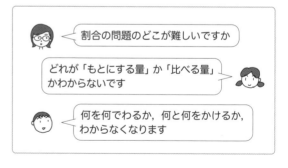　　式 132(人)÷55(人)＝2.4
　　　　　　　　　　　　　　　　　　 2.4

② 350㎡ の 0.4 は ？ 　A

図　　式 350(m²)×0.4 ＝140(m²)
　　　　　　　　140m²

③ ？ の 0.8 は 120円 　C

図　　式 120(円)÷0.8 ＝150(円)
　　　　　　　　150円

POINT　図をかき，およその答えを予測し，それから立式する過程を重視しましょう。

1 割合の3種類の問題には，どんなものがあったか，ふりかえろう

T　割合で必要になる「3つのこと」は何でしたか。

C　「もとにする量」「比べる量」「割合」です。

C　それぞれを求める問題を学習してきたよ。

> 3つのうち1つがわからない問題を3種類作れるね
>
> 3つのうち2つがわかっているから問題が解けるね
>
> かけ算やわり算で求めたね

図とあわせて「比べる量」「割合」「もとにする量」それぞれを求める言葉の式を板書します。

A 比べる量 がわからない　もとにする量 × 割合
B 割合 がわからない　比べる量 ÷ もとにする量
C もとにする量 がわからない　比べる量 ÷ 割合

2 3種類の文章問題を解いてみよう

ワークシートの文章問題をする。
一定の時間をとってから，答え合わせをする。

> 割合の問題のどこが難しいですか
>
> どれが「もとにする量」か「比べる量」かわからないです
>
> 何を何でわるか，何と何をかけるか，わからなくなります

T　それらを見分ける2つのポイントがあります。

① わかっている2つの数とわからない1つの数を，割合の定型文にまとめる。
　「もとにする量 の 割合 は 比べる量」
　わからないところに「?」を書く。
② どんな計算になるのかを図にかいて確かめる。

〈割合の文〉

　もとにする量 の 割合 は 比べる量

4 〈文章題をとくコツ〉

ゆきさんの身長は 144cm で，お父さんの身長 の
⓪.8にあたります。お父さんの身長は何cmですか。

① 　お父さんの身長を求める
② 　割合は？　→　0.8
　　もとにする量 の割合
　　もとにする量→お父さんの身長　　? cm
③ 　図をかく

④ 　比べる量→ゆきさんの身長　144cm
⑤ 　144 ÷ 0.8 = 180
⑥ 　ゆきさんの身長よりもお父さんの身長の方が高いからいい。

3 3つの文章問題を文と図に整理しよう

T　3つの文章問題を文と図に整理します。グループで教えあいながら文と図を書きましょう。

　全部のグループが話し合いができたことを確認する。

T　みんなが気がついた「もとにする量，割合，比べる量」を見つけるコツを教えてください。

> もとにする量 の 割合 という表し方を探します

> 割合 は量ではないので，最初に見つけられます

> 何がわからないのかを調べて「?」を書き込みます

T　見つけるコツが掴めたら，図にかいて式を書きましょう。そのとき，答えを予想しておけば，式や計算を間違えても気づきやすいですね。

4 文や図に整理して，割合の文章問題をしてみよう

　教科書などの問題をする。机間個別指導したり，早くできた子どもに「相談係」になってもらったりする。

　個別指導のために，文章題を解く典型的な手順例を詳しく記しておく。しかし実態に応じてこの通りでなくても構わないし，マニュアル的にならないようにする。

① 何を問うているのかを見つける。
② 「割合」を見つけ丸印をし，「の」の字でくっついている「もとにする量」を見つけ四角で囲む。
③ 図の基本形をかく。
④ 「比べる量」を見つけ，図を完成させる。
　（1より大きいか小さいかを意識する。）
⑤ 立式し，計算し答えを出す。
⑥ 答えと図とを比べ確認する。（大小関係）

　ふりかえりシートが活用できる。

正多角形と円

◎ 学習にあたって ◎

〈この単元で大切にしたいこと〉

　いろいろな傘を見て正多角形を意識づけたあと，折り紙を使って正六角形や正八角形を作ります。正八角形の折り目の中心のまわりの角がすべて 45°であることから，円の中心にできる角を等分することで，正多角形の作図ができることがわかっていきます。そして，正多角形の角を多くすることで円に近づいて行くことを学びます。

　円周率の学習では，円周の長さと直径の関係に目を向けることができるよう，作業を通して円周率をとらえるようにします。そのためには，実測する時間を十分に確保する必要があります。円周率を見つけるには，直径の異なる厚ボール紙で作った円盤を数種類用意して，実際に円周を測定します。円盤を机に垂直に立ててゆっくり回転させると，円周の長さが直径の 3.1 倍〜 3.2 倍の数値に収まります。次に，円周率を使って円周を計算で求めたり，逆に円周から直径を求めたりします。しかし，単に計算するだけで終わるのではなく，身のまわりの円形の物を使って実測し，計算の結果と照らし合わせることも大切にします。

〈数学的見方考え方と操作活動〉

　正多角形は「すべての辺の長さが等しいこと」と「すべての角の大きさが等しいこと」の理解が大切です。そこで，はじめから正多角形を与えて測定させるのではなく，正多角形を折り紙で作りながら，発見することを大切にします。円周率も，直径のちがう数種類の円盤の円周を実測して，子どもたちが直径と円周の長さの関係に一定のきまりがあることに自然に気づけるようにしましょう。正多角形の性質や円周率に気づけるような，具体的な操作活動が大切です。

〈個別最適な学び・協働的な学びのために〉

　正多角形や円周率を学ぶ課程での操作活動は，グループでの活動が中心となります。正確な数値を求めるためには，グループでの協力が大切です。きまりを発見するための話し合いも必要になります。計算によって円周の長さや直径を求めることができるようになれば，身近な物でも計算の結果と実測が一致するか確かめ，生活と結びつけることができます。

知識および技能	正多角形の意味や性質を理解し，円を使って正多角形をかくことができる。円周率の意味や直径・円周・円周率の関係を理解し，直径から円周の長さ，円周から直径の長さを求めることができる。
思考力，判断力，表現力等	正多角形の性質や特徴を見いだし，円を使ったかき方を考えることができる。また，円周の長さに対する直径の長さの割合が一定であることをとらえ，円周・直径・円周率の関係をまとめることができる。
主体的に学習に取り組む態度	正多角形について関心を持ち，その意味や性質を調べたり，円との関係に着目してとらえようとする。また，円周率に関心を持ち，円周率を生活や学習に用いたりしようとする。

◎ 指導計画　7 時間 ◎

時	題	目　標
1	正多角形の意味	すべての辺の長さが等しく，すべての角の大きさが等しい多角形を正多角形ということがわかる。
2	円を使った正多角形の作図	円の中心のまわりの角を等分して，正多角形をかくことができる。
3	正六角形の作図	円の半径を使って正六角形をかくことができる。正多角形の頂点を線で結んで様々な模様をつくることができる。
4	直径と円周の関係	円周について知り，円周と直径の関係について調べることができる。
5	円周の長さを求める	円周率を使って，直径から円周の長さを求めることができる。
6	円周のいろいろな問題	公式を活用して，直径や半径を求めたり，円周の問題を解くことができる。
7	直径と円周の長さの関係	直径の長さと円周の長さの関係を見つけ，比例していることがわかる。

板書例

かさを真上から見たら，どんな形だろう

1 〈かさを真上から見てみよう〉
五角形・六角形・八角形　きれいな形

2 〈折り紙で作ってみよう〉

3 ㋐

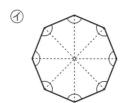

6つの辺の長さがすべて等しい
6つの角の大きさもすべて等しい

正六角形

正八角形

正三角形

正四角形（正方形）

正五角形

POINT　はじめから正多角形を用意するのではなく，傘を真上から見たときの形に気づき，折り紙で正六角形や正八角形を作り，

---

1 真上から傘を見ると，どんな形か話し合おう

C　円かな？

C　円もあるかもしれないけど，六角形とかでは？

QRコードから傘の映像を提示する。

T　どんな形に見えますか。気づいたことを言いましょう。

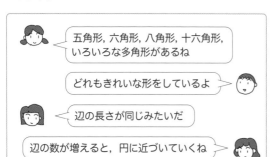

五角形，六角形，八角形，十六角形，いろいろな多角形があるね

どれもきれいな形をしているよ

辺の長さが同じみたいだ

辺の数が増えると，円に近づいていくね

どの多角形も形が整って見えるのはなぜなのか，共通している特徴が何かを次の操作で調べていく。

2 折り紙を丁寧に折って，切り開くと，どんな形か，やってみよう

子どもに円の形の紙を2枚ずつ配り，図のように折って，直線で切る。

操作する前にどんな形になるかを予想する。

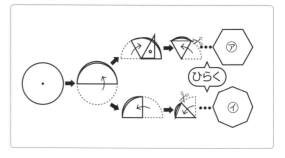

ひらく

C　㋐は六角形，㋑は八角形ができました。

T　どんな六角形や八角形か説明できますか。

C　六角形は6本の辺の長さがすべて同じです。

C　八角形も8本の辺の長さがすべて同じです。

C　辺の長さだけでなく角の大きさも等しいです。

C　中心から頂点までの長さが同じです。

準備物	[QR] 画像「正多角形の傘」 ・円形の紙（各２枚）　・はさみ [QR] ワークシート　[QR] ふりかえりシート [QR] 板書用図

ICT	ワークシートのデータを配信し、子どもが正多角形の辺の長さ・角の大きさ・図形の名前を調べて記入し、全体共有することで、正多角形の基本を確認できる。

まとめ　正多角形 は，辺の長さがすべて等しく，角の大きさがすべて等しい多角形

4　〈正多角形○×クイズ〉

○
①正方形

×
②ひし形

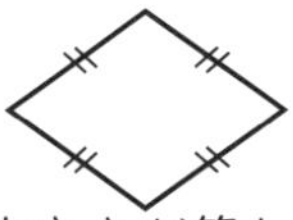

角の大きさが等しくない

×
③長方形

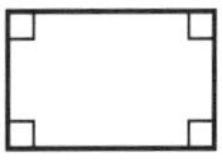

辺の長さが等しくない

×
④台形

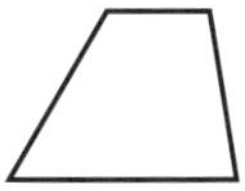

×
⑤平行四辺形

辺の長さも角の大きさも等しくない

×
⑥星形

角の大きさが等しくない

正多角形の条件を見つけていく過程が大切です。

3 辺の長さと角の大きさを調べよう

T　辺の長さや角の大きさがすべて等しい多角形を正多角形といいます。㋐は正六角形，㋑は正八角形といいます。

C　辺の長さと角の大きさが等しいから，整った形に見えるんだね。

T　次の三角形，四角形，五角形，六角形，八角形の辺の長さと角の大きさを測り，それぞれの名前も書きましょう。

ワークシートを使って学習する。

正四角形は正方形のことだね
六角形の辺の長さはすべて同じで，角の大きさもすべて 120° で同じだから正六角形だ

学習のまとめをする。

4 正多角形○×クイズをしよう

T　次の多角形が正多角形かそうでないか○×で答えましょう。×の場合はなぜ×なのか説明できるようにしましょう。

②のひし形は○，×どっちでしょう
辺の長さは同じだよ
でも，角の大きさが違うから，×だよ

ふりかえりシートが活用できる。

円を使った正多角形の作図

本時の目標 | 円の中心のまわりの角を等分して，正多角形をかくことができる。

板書例

円を使って正多角形をかこう

1 正八角形

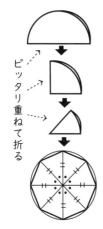

ピッタリ重ねて折る

・円の中心からちょう点
　までの長さ（半径）は5cm
・円の中心を8等分した
　角の大きさはすべて等しい

2 〈正八角形〉

$$360 \div 8 = 45$$

45°

二等辺三角形

3 〈正六角形〉

$$360 \div 6 = 60$$

60°

正三角形

三角形の角は
すべて 60°

POINT 円を折って正八角形を自分で作る操作活動を通して，円の中心の角に着目し，円を使った正多角形のかき方を自分たちで

1 円を使って正八角形をかいてみよう

半径 5cmの円を作る。

C　前の時間に円を折って正八角形を作ったね。

C　円を3回折って広げると折り目がついているから
　円と交わった点を結べば正八角形ができるよ。

T　折り目に沿って頂点と円の中心を結ぶ線をひきま
　しょう。線をひいてわかったことはありますか。

円の中心から頂
点までの長さは
円の半径だから
すべて 5cm です

中心のまわりの角
は8等分されてい
るからすべて同じ
大きさです

円の中の
8つの三角
形は二等辺
三角形だ

中心の角が等しく8つに等分されていることから，正八角
形のかき方につなげていく。

2 円の中心のまわりの角度を使って正八角形をかいてみよう

T　今度は円をかいて折ったりせずに正八角形をかい
　てみましょう。何がわかればかけるでしょうか。

1の展開で作った正八角形を見ながら考えさせたい。

C　まずは円を8等分にしないといけないね。

円の中心のまわ
りの角を8等分
したらいいよ

円の中心は360°だか
ら，8でわれば1つの
角の大きさがわかるよ

360÷8 = 45
45°ずつ円の中心の
角を区切っていった
らいいね

T　正八角形になっているか辺の長さを確かめよう。

C　コンパスを使えば測らなくても調べられるね。

| 準備物 | ・B5 の用紙や色紙
・コンパス　・はさみ
QR 板書用図
QR ふりかえりシート | I
C
T | 子どもがノートに正多角形の描き方について かいたものを写真撮影し，共有機能を使って全体共有すると，対話的に正多角形の描き方に迫っていくことができる。 | |

4 〈いろいろな正多角形をかいてみよう〉

正三角形

$360 \div 3 = 120$

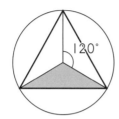

正三十六角形

$360 \div 36 = 10$

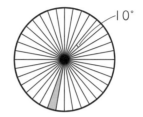

正多角形のかき方

まとめ

$360 \div$（角の数）で円の中心の まわりの角の大きさを求める。

見つけ出せるようにしましょう。

3 正六角形も円を使ってかいてみよう

正六角形は中心の 角度を6等分したら いいのかな

円の中心を6等分したら，
$360 \div 6 = 60$で　1つの角の 大きさは60°になるよ。
60°ずつ円を区切っていこう

　となり同士で，かいた正六角形を確かめ合うようにする。

T　正六角形を見て気づいたことを話し合おう。
C　6つの三角形は，二等辺三角形なのかな。
C　1つの角が60°だから残りの角も60°になるね。
C　どの角も60°ということは正三角形だ。

　コンパスを使って正三角形になっているか長さを確かめる。

4 いろいろな正多角形をかいてみよう

C　正八角形と正六角形がかけたから，ほかの正多角形も円を使ったらかけるだろう。
T　いろいろな正多角形を円を使ってかいてみよう。

私は，正三角形を かいてみよう

ぼくは，
正五角形に 挑戦してみよう

C　1つの角を10°ずつに区切って正三十六角形をかいてみました。ほとんど円のようになりました。
T　正多角形を円と円の中心の角を使ってかく場合，
$360 \div$（角の数）で中心の角の大きさを求めて等分していけばいいですね。

　学習のまとめをする。
　ふりかえりシートが活用できる。

正六角形の作図

板書例

正六角形をコンパスを使ってかいてみよう

1 6まいで形をつくろう

正三角形

※子どもが作った形を掲示する

※正六角形が出てくるのを期待する

2 〈コンパスとものさしでかいてみよう〉

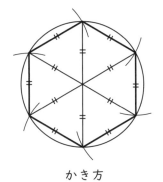

かき方

半径の長さに開いたコンパスで
円を区切っていく

POINT 合同な正三角形が6つで正六角形ができていることから，「正六角形の辺の長さ＝円の半径」の発見につながるようにしま

---

1 合同な正三角形6枚でいろいろな形を作ってみよう

黒板に合同な正三角形を6枚貼る。
指名された子どもが，黒板で操作をする。

 いろいろな形ができておもしろい
もっとたくさんできそうだな

C 正三角形を6つ並べたら正六角形もできるね。
C 前の時間に正六角形をかいたとき，正三角形が6つできているということを確かめたよ。
C 正六角形の辺の長さと中心から頂点までの長さが等しいということだね。

2 正三角形を利用して正六角形をかく方法を考えよう

C 前の時間は，中心の角を等分する方法で正六角形をかきました。この正三角形を並べた図を見てほかのかき方を考えてみましょう。
C 6等分するにはどうしたらいいのかな。
C 使っていいのはコンパスとものさしです。まずは，円をかいて考えましょう。
C コンパスで同じ長さを測ることができたから…。

円の中に正三角形を6つかけばいいんだね

半径と同じ長さにコンパスを開いて，円を区切ったらいいね

準備物	ICT
・板書用正三角形 ・コンパス　・ものさし [QR] 板書用図 [QR] ふりかえりシート	子どもがノートに正多角形の描き方についてかいたものを写真撮影し、共有機能を使って全体共有すると、対話的に正多角形の描き方に迫っていくことができる。

3 〈コンパスを使って正六角形がかけるわけ〉

まとめ
・正六角形の中の６つの三角形は正三角形だから
・正六角形の辺の長さと
中心からちょう点までの長さが等しいから

4 〈正多角形を使ってもようをかこう〉

㋐
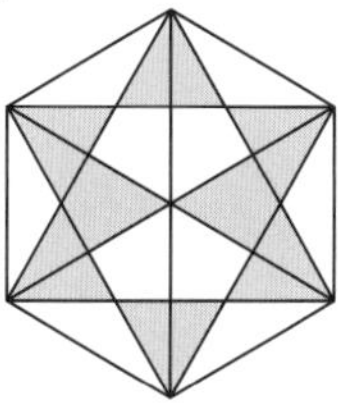

㋑
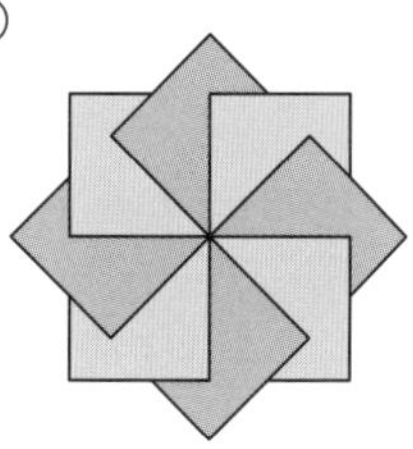

しょう。

3 コンパスを使って正六角形がかけるわけを説明しよう

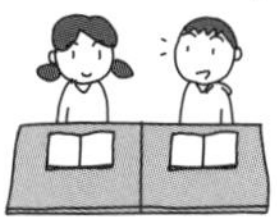
正六角形は正三角形の集まりで，正三角形は辺の長さが等しいです
正六角形の辺の長さは，半径の長さと同じだからです

グループでそれぞれの理由を交流し，クラス全体でまとめる。

C　正三角形の辺の長さはすべて等しいので，正六角形の辺の長さは半径の長さと同じです。だから，半径の長さに開いたコンパスで円に印をつけていき，その点を結べば正六角形がかけます。

学習のまとめをする。

4 正多角形を使って同じ模様をかこう

T　２つの模様は，正多角形のかき方をもとにかいたものです。これと同じ模様をかいてみましょう。

㋐
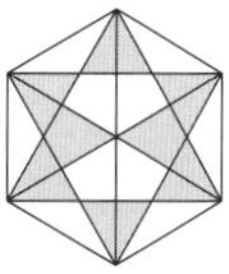

㋑
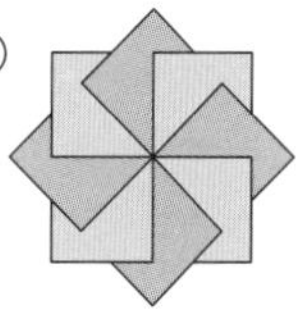

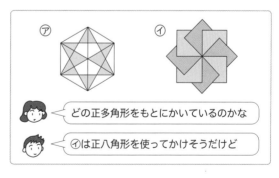

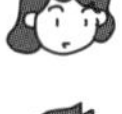
どの正多角形をもとにかいているのかな

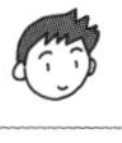
㋑は正八角形を使ってかけそうだけど

㋐，㋑に加えて各自で好きな模様をかいて，色塗りすれば，教室掲示にも活用できる。

ふりかえりシートが活用できる。

本時の目標：円周について知り，円周と直径の関係について調べることができる。

直径10cmの円のまわりの長さを調べよう

1 = 円周（えんしゅう）

正六角形のまわりの長さ

1辺 = 5cm　　　5 × 6 = 30　　　30cm
（半径）

正方形のまわりの長さ

10 × 4 = 40　　　　40cm

2
円周の長さの予想

直径 10cm の円の円周の長さは
30cm より長く 40cm より短い

➡ 測ってみよう

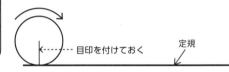
目印を付けておく　　定規

POINT　円周は直径の何倍になっているかを想像しながら測定することで，円周率をみつけていきます。

1 円周と正多角形のまわりの長さを比べよう

T　円のまわりの長さを円周といいます。直径 10cm の円周はおよそ何cmくらいだと思いますか。

C　どうやって調べたらいいのかな。

T　直径 10cm の円の中に正六角形をかきました。この図から予想してみましょう。

正六角形は円の中にあるので正六角形のまわりの長さより円周は長くなるね

正六角形のまわりの長さは，1辺の長さが半径と同じだから 5 × 6 = 30 30cmだね。円周は 30cm より長くなるのか

T　円を囲む正方形のまわりの長さも調べてみよう。

C　正方形の 1 辺の長さは 10cmだから 40cm。

T　円周は 30cm より長く 40cm より短い予想ですね。

2 直径10cmの円の円周の長さを測ってみよう

グループに分かれて，測定する。

〈準備〉厚ボール紙で作った直径 10cmの円（班の数分）

〈測り方〉ものさしの目盛りにあわせて円を机に垂直に立て，円をゆっくり 1 回転させる。（円を垂直に立てて回転させると，かなり正確な測定ができる。）

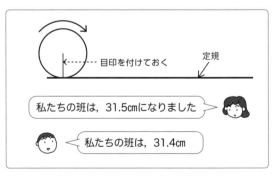
目印を付けておく　　定規

私たちの班は，31.5cmになりました

私たちの班は，31.4cm

直径 10cmの円を測定すると，円周がおよそ 31cm であることがわかる。グループ毎に，結果を記入する。

準備物	QR 板書用図 ・30cm よりも長いものさし ・厚紙で作った円（5cm，8cm，10cm） QR 資料「円周率の歴史」	I C T	表計算機能を使って円の直径の長さと円周の長さを整理できる表を作成して配信すると、直径の長さと円周の長さの関係性について考えていきやすくなる。	

3 〈円周の長さの予想と結果〉　※各班の表を黒板に書く

1ぱん

直径(cm)	10cm	5cm	8cm
予想(cm)		15.6	25.1
円周(cm)	31.5	15.6	25.2

2はん

直径(cm)	10cm	5cm	8cm
予想(cm)		15.6	25
円周(cm)	31.4	15.7	25.1

4

〈円の直径と円周の長さの関係をまとめよう〉

まとめ

> 円周の長さは直径の長さの約 3.14 倍です。
>
> 円周率

---

3 直径5cmの円の円周の長さを測ってみよう

T　次に，直径5㎝の円の円周を調べます。まずは，何㎝になるか予想してから測りましょう。

C　直径が半分の長さだから円周の長さも半分になるんじゃないかな。15.6㎝くらいかな。

　　実際に測定し，ほぼ予想の長さになることを確認する。

T　次は，直径8㎝の円の円周です。まずは，予想してみましょう。

> 10cmのときは31.4cmで，
> 5㎝のときは15.6cmだったから，
> 円周が直径の3.12～3.14倍だね

> 8㎝だと，
> 24.96cm～25.12cm
> くらいになるのかな

4 直径8cmの円周の測定と円周率について話し合おう

　　各班の予想を発表し合います。
　　各班に厚ボール紙で作った直径8㎝の円を配る。

T　直径8㎝の円の円周の長さを測ってみましょう。

C　私たちの班は25.1㎝になりました。

C　私たちは25.2㎝になりました。

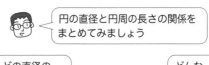

> 円の直径と円周の長さの関係を
> まとめてみましょう

> どの直径の
> 長さの円でも，
> 円周の長さは，
> 直径の長さの
> 約3.1倍です

> どんな
> 大きさの
> 円でも
> 関係は同じ
> なのかな

T　円周の長さは，直径の長さの約3.14倍で，この数を円周率といいます。

　　QRコードから「円周率の歴史」を開き，読み合わせをして学習のまとめをする。

板書例

円周の長さを求めよう

1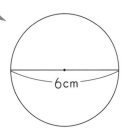

求め方　┃円周＝直径×3.14┃

式　6 × 3.14 ＝ 18.84

18.84cm

2 半径 4cm の円 ➡ 直径は 8cm

4 × 3.14 ＝ 12.56　　12.56cm　← ┃これはまちがい
半径×3.14 になっている┃

4 × 2 × 3.14 ＝ 25.12

8 × 3.14 ＝ 25.12　　25.12cm

(POINT) 円周の長さは「直径の長さ×3.14」と公式のみで理解するのではなく，いろいろなものの円周の長さを計算と，実測で比べ，

---

1 直径6cmの円の円周の長さを求めよう

厚ボール紙で作った直径6㎝の円を各グループに渡す。

T　この円の円周の長さを求めるにはどうしたらいい
でしょう。

C　円周の長さは，直径の長さの約3.14倍だったね。

C　この円の直径の長さがわかれば求められるという
ことだね。

← ことばの式を使って求めましょう

「円周の長さ＝直径の長さ×3.14（円周率）」です

直径が6㎝の円だから，
6×3.14＝18.84
円周の長さは18.84cm

2 半径4cmの円の円周の長さを求めよう

C　「円周の長さ＝直径の長さ×3.14」を使えば簡単
に求められるよ。

4×3.14＝12.56
12.56㎝でいいの
かな

半径が4㎝だから，まずは
直径を求めてからだよ。
直径は8㎝だから，8×3.14
＝25.12

4×2×3.14＝25.12
半径4㎝の円の円周は
25.12㎝だ。

前の時間に直径8㎝の円の円周の長さを測定したときの数
値をふり返り，計算とほぼ同じ数値になっていることを確か
める。

円周を計算で求めるときに，直径と半径を間違える子もい
るため，半径が提示されている問題も扱っておく。

3 〈計算で求めた長さと，実際に測った長さを比べよう〉

4

(cm)

	直径	円周（計算）	円周（そくてい測定）
直径6cmの円	6	18.84	18.9
半径4cmの円	8	25.12	25.2
さら	16	50.24	50.4
1円玉	2	6.28	6.2
かん	11.5	36.11	36

計算した長さと
測定した長さが
ほぼ同じになる

まとめ 円周＝直径×3.14 ことばの式にあてはめて，円周の長さを求めることができる

近い数値になっていることを子ども自身で体験することが大切です。

3 計算で求めた円周の長さが正しいか，実際に測って確かめよう

　グループに分かれて，前時と同じように厚ボール紙で作った直径6cmの円と半径4cmの円の円周の長さを実測する。

計算の長さと実際の長さはほぼ同じだね

直径6cmの円の円周を測ると18.9cmでした。ほぼ計算と同じです

半径4cmの円は，前の時間では25.3cmだったけど，今回は25.2cmになってさらに計算と近い数字になったよ

　測定の仕方では多少誤差が出ることを確認しておく。

C　紙の円だけでなく，ほかにも円の形をしたものの円周の長さを調べてみたいな。

4 身近なものの円周の長さを求めてみよう

　各グループで測定するものを3つほど選び，まずは計算で円周の長さを求め，その後実測で数値を比べる。
直径の長さが測りにくいものは，右のように測ることができる。

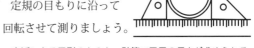

T　定規の目もりに沿って回転させて測りましょう。

　身近にある円形のものも，計算で円周の長さが求められることがわかる。

ガムテープを1周分切り取った長さが円周の長さだね

ふりかえりシートが活用できる。

円周のいろいろな問題

板書例

円周の長さから直径の長さを求めよう

$$円周＝直径×3.14$$

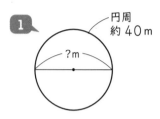

1　円周　約40m　?m

2

木のまわり　約4.8m

$$□× 3.14 ＝ 40$$
$$□　＝ 40 ÷ 3.14$$
$$□　＝ 12.73…$$

直径　約12.7m

$$□× 3.14 ＝ 4.8$$
$$□　＝ 4.8 ÷ 3.14$$
$$□　＝ 1.52…$$

直径　約1.5m

(POINT)　1時間扱いにしていますが，展開1，2と3，4を分けて，じっくり考える時間をとり，2時間扱いにして進めてもいいでしょう。

1　円周の長さが40mの円を運動場にかくには，直径は約何mにすればいいか考えよう

C　運動会で使う円ですね。

C　円周がわかっていて，直径を求める問題だね。

> 「直径×3.14＝円周」で，□×3.14＝40
>
> □＝40÷3.14で求められるよ
> □＝ 12.7388…

T　四捨五入して，小数第一位までの数で求めよう。計算は電卓を使ってもよいことにする。

C　円周が約40 mの円の直径は約12.7 mだね。

C　円をかくには，半径を約6.4 mとしてかけばいいんだね。

2　桜の木の直径の長さは何mか求めよう

T　桜の木の幹のまわりの長さは約4.8 mです。幹の形を円とみると，この木の直径は約何mですか。四捨五入して，小数第一位までのがい数で求めましょう。

C　木の幹のまわりを円と考えたらいいね。

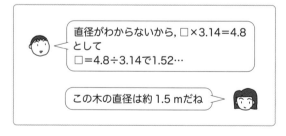

> 直径がわからないから，□×3.14＝4.8として
> □＝4.8÷3.14で1.52…

> この木の直径は約1.5 mだね

T　実際に木の直径は測れないけど，計算で求めることができるようになりましたね。

準備物
・電卓
QR 板書用図
QR ふりかえりシート

ICT
板書用図（問題）のデータを配信し、子どもが直接、自分の考えを記入して共有機能を使って全体共有すると、対話的に直径の長さの求め方に迫っていける。

3 〈大きな円と小さな円2つ分の円周を比べよう〉

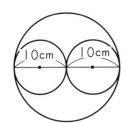

大きな円　$20 \times 3.14 = 62.8$

小さな円　$10 \times 3.14 = 31.4$
$31.4 \times 2 = 62.8$

等しい長さ

4 〈図形のまわりの長さを求めよう〉

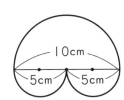

大きな半円
$10 \times 3.14 \div 2 = 15.7$

小さな半円
$5 \times 3.14 \div 2 \times 2 = 15.7$

合わせて
$15.7 \times 2 = 31.4$

$\underline{31.4\text{cm}}$

---

3 どちらの円周の長さが長いか比べよう

T　直径20cmの大きな円の円周と，直径10cmの小さな円2つ分の円周とではどちらが長いでしょうか。「大きな円，小さな円2つ分，同じ」のどちらかに挙手しましょう。

T　では，計算して確かめてみましょう。

C　あれ？同じような気がしてきたよ。大きい円の直径は20cm，小さい円の直径も2つで20cmだから。

> 小さい円の円周は，
> $10 \times 3.14 = 31.4$
> 2つ分で62.8cm

> 大きい円の円周は，
> $20 \times 3.14 = 62.8$
> 62.8cm

右のようなさらに小さい直径5cmの円4つ分でも同じ長さになることを確かめる。

4 円を使った形のまわりの長さを求めよう

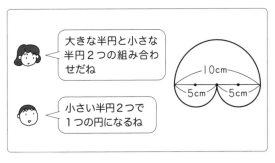

> 大きな半円と小さな半円2つの組み合わせだね

> 小さい半円2つで1つの円になるね

「まわりの長さ」とはどこの長さを指しているのかが理解できない子もいます。（直径の長さである10cmもたしてしまうなど）求める長さがどこになるかを色で示したりするとよい。

C　大きい半円は $10 \times 3.14 \div 2 = 15.7$　15.7cm

C　小さい円は $5 \times 3.14 = 15.7$　15.7cm
　合わせて31.4cm

　ふりかえりシートが活用できる。

第7時 直径と円周の長さの関係

本時の目標：直径の長さと円周の長さの関係を見つけ，比例していることがわかる。

直径と円周の長さの変わり方を調べよう

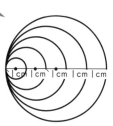

直径(cm)	1	2	3	4	5	6
円周(cm)	3.14	6.28	9.42	12.56	15.7	

2倍　3倍

2 〈表から見つけよう〉

・直径が1cm増えると円周は3.14cmずつ増える
・直径が2倍，3倍…になると，円周も2倍，3倍…になる

↓

まとめ　直径（□cm）と円周（○cm）は比例する

□×3.14＝○

POINT　表に整理すると，比例の関係がよくわかり，およその直径や円周の長さも求めることができます。表の有効性が理解できる

1 円の直径の長さが変わると，円周の長さはどのように変わるか，調べよう

T　直径を1cm，2cm・・・と変えたときの円周の長さを調べてみましょう。

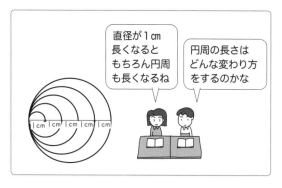

直径が1cm長くなるともちろん円周も長くなるね

円周の長さはどんな変わり方をするのかな

T　直径1cmの円の円周の長さから調べて，表にまとめていきましょう。
C　直径1cmだと，1×3.14＝3.14で3.14cm
C　直径2cmだと，2×3.14＝6.28で6.28cm
　　直径1cm〜5cmまでの円の円周の長さを求め，表にする。

2 表から直径と円周の関係をみつけよう

C　直径の長さが増えると，円周の長さも増えている。
C　増え方に何かきまりがありそうだね。
T　直径と円周の長さの増え方を見て気づいたことを発表しましょう。

直径が1cm長くなると，円周の長さは3.14cmずつ増えています

直径が2倍，3倍…になると円周も2倍，3倍…になっています

直径と円周は比例しているということだね

T　直径を□cm，円周を○cmとして式に表してみましょう。
C　□×3.14＝○になります。

学習のまとめをする。

156

| 準備物 | QR 板書用図
QR ふりかえりシート | | I
C
T | 表計算機能を活用して直径と円周の長さを整理できる表を作って配信すると、子どもたちはそれらの間の関係性に迫っていきやすくなる。 |

3 〈直径6cmの円の円周を求めよう〉

> ・□ × 3.14 ＝ ○
>   6 × 3.14 ＝ 18.84
> ・直径が1cm増える → 　円周は直径5cmのときから
> 　　　　　　　　　　　　3.14cm増える
>   15.7 ＋ 3.14 ＝ 18.84　　　　　<u>18.84cm</u>
> ・直径が2cmの3倍だから円周の長さも3倍になる
>   6.28 × 3 ＝ 18.84　　　　　※子どもたちの求め方を板書する。

4 〈円周が157cmの円の直径の長さを求めよう〉

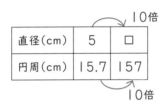

5 × 10 ＝ 50

<u>50cm</u>

ようにしましょう。

3 　表から直径6cmの円周の長さを求めよう

C　□× 3.14 ＝ ○の式を使って，6 × 3.14 で18.84㎝。

T　表を使って他の方法で求められないでしょうか。

> 直径が1cm増えると円周の長さは3.14cm増えるから，直径5cmの円周の15.7cmより3.14cm長い。
> 15.7+3.14=18.84
>
> 直径と円周は比例関係だから，直径2cmの3倍として，6.28×3＝18.84
>
> 直径2cmの円周と直径4cmの円周をたせばいいから，6.28+12.56=18.84

C　表を見るといろいろな関係がわかるね。

4 　円周が157cmの円の直径の長さを求めよう

C　また，表から関係を見つけていこう。

> 円の直径が5cmのとき円周は15.7cmです。円周が10倍になっているので直径も10倍で50cmです
>
> 表を見るとわかるから，表は便利だね

直径(cm)	5	□
円周(cm)	15.7	157
（10倍）

T　円周が10cmの円の直径は約何㎝になりますか。

C　直径が3cmのとき9.42㎝で，直径が4cmのとき12.56㎝だから，…3.2cmくらいかな。

C　計算すると，10 ÷ 3.14 ＝ 3.18…で約3.2cmだね。

　表を使うとおよその直径や円周の長さがわかることも知らせたい。
　ふりかえりシートが活用できる。

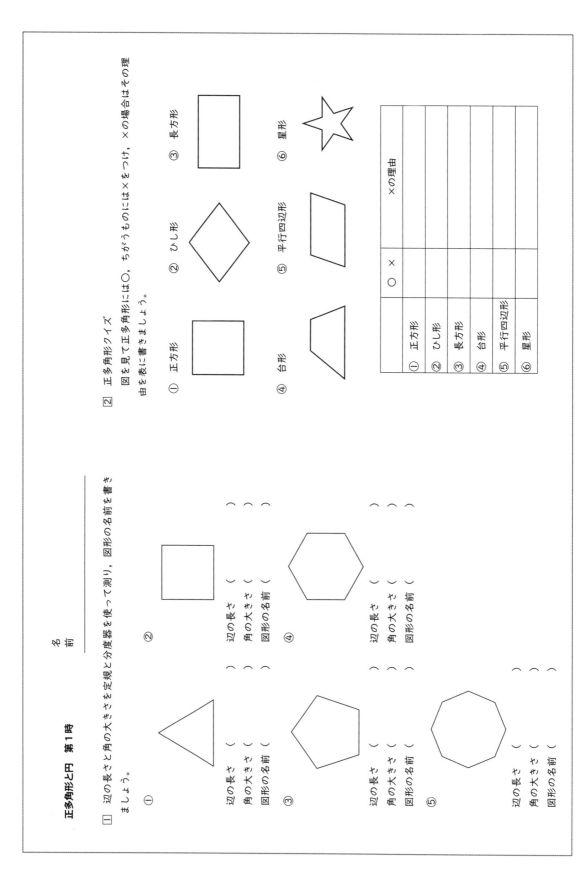

正多角形と円　第1時

名前＿＿＿＿＿＿＿＿

① 辺の長さと角の大きさを定規と分度器を使って測り、図形の名前を書きましょう。

①
辺の長さ　（　　　　）
角の大きさ（　　　　）
図形の名前（　　　　）

②
辺の長さ　（　　　　）
角の大きさ（　　　　）
図形の名前（　　　　）

③
辺の長さ　（　　　　）
角の大きさ（　　　　）
図形の名前（　　　　）

④
辺の長さ　（　　　　）
角の大きさ（　　　　）
図形の名前（　　　　）

⑤
辺の長さ　（　　　　）
角の大きさ（　　　　）
図形の名前（　　　　）

② 正多角形クイズ
図を見て正多角形には○、ちがうものには×をつけ、×の場合はその理由を表に書きましょう。

① 正方形
② ひし形
③ 長方形
④ 台形
⑤ 平行四辺形
⑥ 星形

	○・×	×の理由
① 正方形		
② ひし形		
③ 長方形		
④ 台形		
⑤ 平行四辺形		
⑥ 星形		

円周率の歴史

今では3.14という数で計算に使われる円周率ですが、約4000年前は3ヤや3 1/8などの数が、円周率に近い数として使われていました。

円周率を最初に計算したのは、ギリシャのアルキメデスという学者でした。

約2000年前にアルキメデスは、正多角形の辺の数が増えるほど、円に近い形になることを利用して、円の内側で円に接する正96角形と、円の外側で円に接する正96角形の辺の長さを計算し、円周率が3 10/71より大きく、3 1/7より小さいことを求めました。

アルキメデス

正六角形　　正十二角形　　正九十六角形

円周は、内側の正六角形の辺の長さより長く、外側の辺の長さより短い。

その後、アルキメデスの方法をよりくわしく計算する人たちが世界中に出てきます。

約1700年前に中国の劉徽は正3072角形まで求め、円周率を3.1416まで求めました。

約400年前にはドイツのルドルフ・ファン・コイレンが、なんと正32212254720角形を使って円周率を35けたまで求めました。ルドルフ・ファン・コイレンは円周率を研究していたんで、ドイツでは円周率のことをルドルフ数とよんでいます。

日本では、約300年前に数学者の関孝和が、正131072角形を使って円周率が3.14159265359より小さいことを計算で求めました。

このころ、世界では正多角形を使わずに円周率を求める計算式が考え出され、たくさんの学者たちが、より正しい円周率を求めて計算をするようになりました。

1882年にドイツのフェルディナント・フォン・リンデマンが、円周率が超越数とよばれる、無限に続く数の列であることを発見しました。

3.14159265358979323846264338327950288419716939937510582097494459230781640
6286208998628034825342117067982148086513282306647 0938446095 5058223172
5359408128 4811174502 8410270193852 11055596446 2294895493 0381964428810975665
9334461284756482337867831652712019091456485669234603486104543266482133
3607260249141273724587006606315588174881520920962829254091715364036789259 0
3600113305305488204665213841469519415116094…

現在も円周率を求める新たな計算式が考え出されています。円周率を求める計算は主にコンピューターで行われ、コンピューターの性能がどれだけすぐれているのかを競う方法にもなっています。

2011年には小数点以下約10兆けたまでコンピュータで計算して求められたと言われています。

角柱と円柱

◎ 学習にあたって ◎

<この単元で大切にしたいこと>

　　低学年から，立体については，形作りや面の写し取りなどの操作をしたり，辺や頂点について調べたりしてきています。さらに 4 年生では，直方体・立方体について，面や辺の位置関係などから性質をとらえました。そして，ここでは角柱・円柱を取り扱い，構成要素の底面や側面に着目して分別したり，それぞれの要素を取り上げ，性質や特徴について考えます。実際に立体模型を使って調べていくことで，最終的には頭の中でイメージして考えられるようになります。見取図を展開図にする場合でも，実体験がないとイメージすることはできません。十分に時間をとって展開図をかいて組み立て，もう一度切り開いて展開図にします。その操作を繰り返すうちに，頭の中に見取図から展開図にするイメージがつくられていきます。

<数学的見方考え方と操作活動>

　　図形の学習では，構成要素である点，辺，面に着目して分類することができるようにします。まず，立体の中から角柱と円柱を分類できること，さらには，角柱の底面の形や頂点，辺，面の数について調べ，その関係について考えることができるようにします。

<個別最適な学び・協働的な学びのために>

　　この単元では，展開図をかいて組み立てることを，すべての子どもたちが達成感をもって経験できるようにします。そして，作業や活動がそれだけで終わらないように，例えば，作図をするためにどのようなことに留意すればいいのかを話し合った後にとりかかるようにします。また，展開図から組み立てた立体を手にすることで学習内容を確かめることもできます。作図や製作の機会を大切にして，考えを交流しながら進めます。

知識および 技能	角柱や円柱の底面や側面に関する性質，構成要素の位置関係などを理解し，角柱や円柱の見取図や展開図をかくことができるとともに展開図から立体を構成できる。
思考力，判断力， 表現力等	見取図や展開図を調べたりかいたりして，角柱や円柱の構成要素の位置関係を調べる。
主体的に学習に 取り組む態度	身のまわりの角柱や円柱に関心を持ち，見取図や展開図を調べたりかいたりしようとする。

◎ 指導計画　6 時間 ◎

時	題	目　標
1	立体のなかま分け	立体を面の形に着目して，角柱と円柱になかま分けすることができる。
2	角柱	面の形や位置関係，頂点・辺・面の数を調べ，角柱の特徴や性質を理解する。 身の回りにある角柱について調べようとする。
3	円柱	円柱の特徴や性質がわかる。 角柱と比べ，身の回りにある円柱について調べようとする。
4	見取図	三角柱と円柱の見取図をかくことができる。
5	角柱の展開図	角柱の展開図をかいたり，展開図を読み取ったりできる。
6	円柱の展開図	円柱の展開図をかいたり，展開図を読み取ったりできる。

第 1 時

立体のなかま分け

本時の目標　立体を面の形に着目して，角柱と円柱になかま分けすることができる。

板書例

立体をなかまに分けよう

[1]

[2]

A

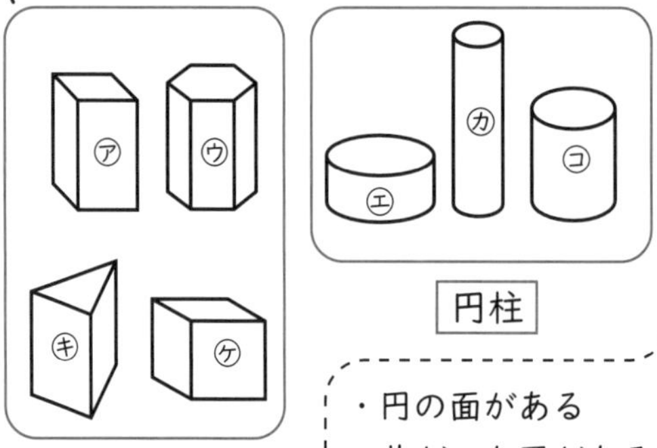

[円柱]

[角柱]

・円の面がある
・曲がった面がある
　曲面

・三角形や四角形など
　多角形の面がある
・平らな面だけ
　平面

B

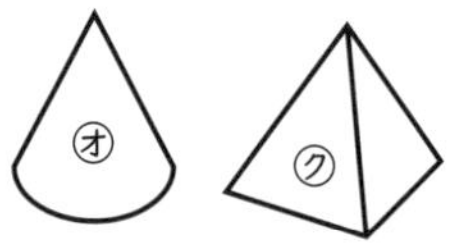

・一方がとがっている

C

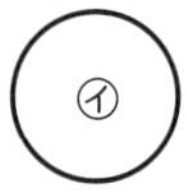

・平面がない
・球

(POINT) 立体のなかま分けでは，まず子どもたちが立体をどのように捉えているかを引き出します。構成要素の面の形や数などに

1 立体を 3 つのなかまに分けてみよう

1つずつ立体模型を見て，黒板に㋐～㋙の立体図を貼る。

T　㋐～㋙の立体を３つになかまに分けて，なぜそう分けたのかも説明できるようにしましょう。

グループで話し合い，発表できる準備をする。

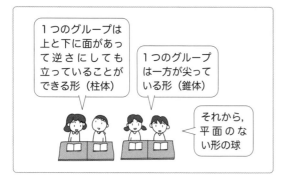

1つのグループは上と下に面があって逆さにしても立っていることができる形（柱体）

1つのグループは一方が尖っている形（錐体）

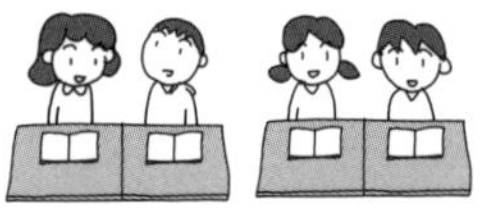

それから，平面のない形の球

上記のように教師の意図した通りに分けるとは限らない。立体を大きな枠組みで捉える学習経験は大切。場合によっては教師が修正を入れながら，なかま分けをする。

2 柱のように立っていることができる立体をさらに 2 つに分けてみよう

円がある立体か，三角形や四角形などがある立体に分けられるな。

平らな面ばかりの立体か，転がりそうな曲がった面のある立体かで分けられるよ

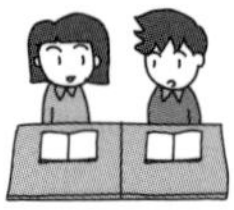

T　㋐㋒㋖㋘のような立体を**角柱**といいます。㋓㋕㋙のような立体を**円柱**といいます。円柱のこの曲がった面のことを曲面といいます。

C　柱の形に似ているから角柱や円柱というんだね。

C　角柱の横の面は平面で，円柱は曲面です。

C　下になっている面が円なら円柱で，多角形なら角柱だ。

3　〈 角柱や円柱の面について調べよう 〉

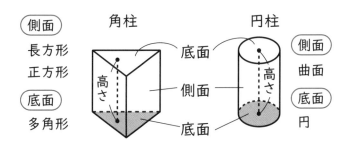

角柱　　　　　　　円柱

（側面）
長方形
正方形

（底面）
多角形

底面

高さ

側面

底面

（側面）
曲面

（底面）
円

高さ

・底面が２つある
・２つの底面は合同
・２つの底面は平行
・底面と側面は垂直

4　〈 立体あてゲームをしよう 〉

目を向けた発言を大切にしましょう。また，立体当てゲームでは学習した図形の用語が正しく使われるようにしましょう。

3　模型を使って面と面の関係を調べよう

立体模型を提示して

T　角柱や円柱で上下に向かい合った２つの面を底面といい，周りの面を側面といいます。

T　底面と側面についてわかったことを発表しよう。

どちらも底面が２つあるね

２つの底面は合同です

角柱の側面は長方形や正方形です

角柱の側面は平面で，円柱は曲面です

T　底面と底面，また底面と側面はどんな関係になっているでしょうか。

　教師が，底面と底面の平行の関係や，底面と側面の垂直の関係を実際に三角定規等を使って提示する。

C　底面と底面は平行です。底面と側面は垂直です。

T　２つの底面にはさまれた垂直な直線の長さをそれぞれ角柱，円柱の高さといいます。

4　立体あてゲームをしよう

下のイラストのような箱を準備する。

T　箱の中から円柱を見つけてみましょう。

円があって曲面がある形だから…

　ゲームの方法は，箱の中に角柱（または円柱）１つと，それ以外の立体（球，錐体，円柱＜または角柱＞）を入れておき，角柱（または円柱）を触って取り出すというもの。球や錐体を入れると盛り上がると同時に円柱や角柱の特徴を区別して捉えることにもなる。また，「なぜその立体を選んだのですか。」と理由を問うことで学びを確かめることもできる。

　ふりかえりシートが活用できる。

角　柱

板書例

角柱を調べよう

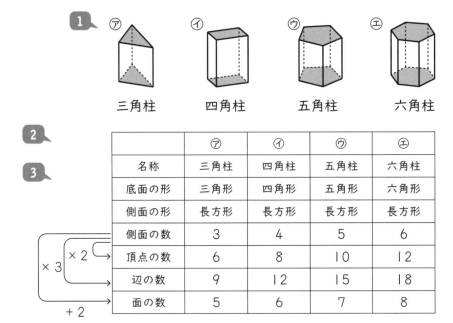

1

| ⑦ 三角柱 | ⑦ 四角柱 | ⑦ 五角柱 | ⑦ 六角柱 |

2

3

	⑦	⑦	⑦	⑦
名称	三角柱	四角柱	五角柱	六角柱
底面の形	三角形	四角形	五角形	六角形
側面の形	長方形	長方形	長方形	長方形
側面の数	3	4	5	6
頂点の数	6	8	10	12
辺の数	9	12	15	18
面の数	5	6	7	8

× 3　× 2

＋ 2

POINT 角柱について表に整理していきながら，子どもたちが数の規則性に気づき，それが何の数と関係しているかを話し合いの

1 角柱はどんな形の立体か，ふりかえろう

C　底面が多角形で，側面が長方形や正方形でした。

C　底面は三角形や四角形などいろいろありました。

　　⑦〜⑦の立体図を黒板に貼り，ワークシートを配る。まず，それぞれの角柱の底面に色をぬらせる

T　角柱にはそれぞれ名前があり，この底面の形で名前が決まります。名前を予想してみましょう。

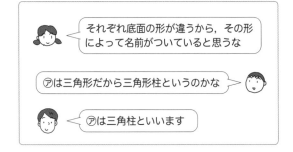

それぞれ底面の形が違うから，その形によって名前がついていると思うな

⑦は三角形だから三角形柱というのかな

⑦は三角柱といいます

⑦〜⑦の角柱の名前も確認する。

2 表の項目についてそれぞれ調べてみよう

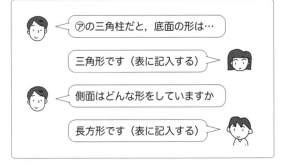

⑦の三角柱だと，底面の形は…

三角形です（表に記入する）

側面はどんな形をしていますか

長方形です（表に記入する）

項目順に1つ1つ模型で確認しながら進めていく。

<四角柱は特殊な角柱> 4年生で「直方体・立方体」を学習しているので，同じ形で違う名前に戸惑う子もいる。また，四角柱の底面で悩む子もいる。教科書では，「底面とは上下に向かい合った2つの面」とあるが，置き方によって左右に向かい合う場合もあり，どの面も底面となる。「直方体・立方体」を四角柱の仲間として捉え，少し特殊な角柱ということにも触れておく。

準備物
- [QR] 板書用図　・角柱の立体模型
- ・身の回りの角柱のもの
- [QR] ワークシート
- [QR] ふりかえりシート

ICT
ワークシートのデータを配信し、子どもが立体を調べてわかったことを表に記入・入力していくようにすると、まとめやすく共有もしやすくなる。

4

〈身のまわりから角柱を見つけよう〉

・おかしの箱　　・サンドイッチ
・ビル
・えん筆

※児童が見つけたものを板書する。

〈底面と高さをみつけよう〉

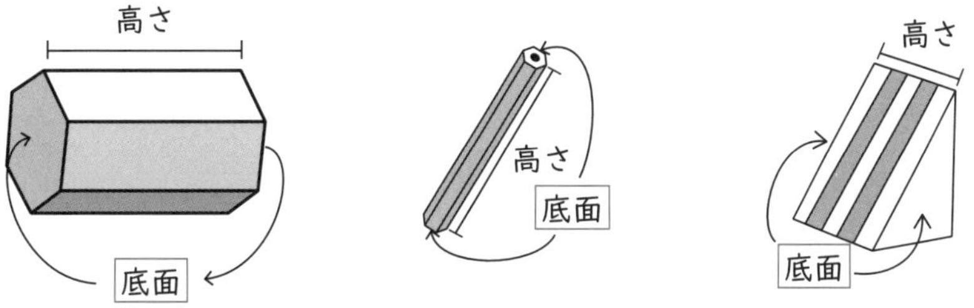

高さ
底面
高さ
底面
高さ
底面

底面はいつも下にあるとは限らない

中で出し合えるようにしましょう。

3 表にして気がついたことを話し合おう

㋑～㋓についてそれぞれ全体で確認する。

C　側面の形はどれも長方形です。
C　中には，正方形になる場合もあるよ。
C　側面の数は，四角形なら４面というふうに底面の形の数で決まっているね。

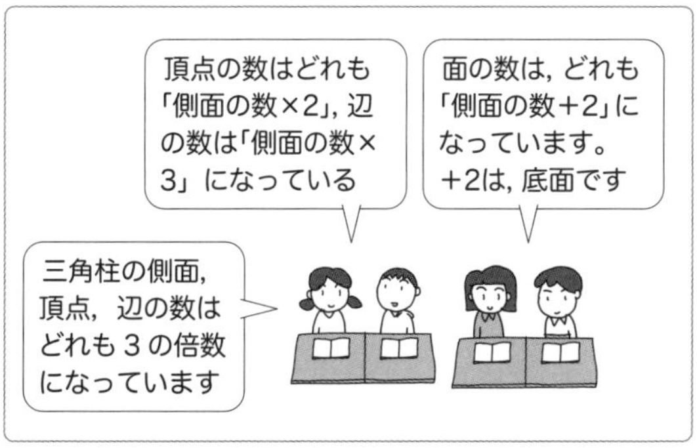

頂点の数はどれも「側面の数×2」，辺の数は「側面の数×3」になっている
面の数は，どれも「側面の数＋2」になっています。＋2は，底面です
三角柱の側面，頂点，辺の数はどれも３の倍数になっています

どの数も「底面の形の数」に関係していることに気づき，計算による見つけ方が子どもたちから出てくるようにしましょう。

4 身の回りで角柱の形のものを見つけよう

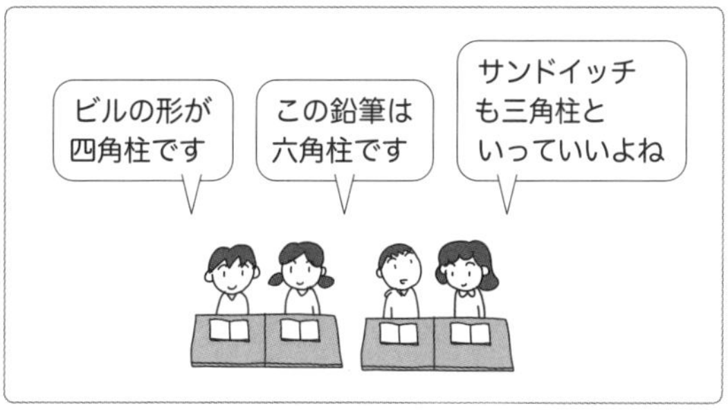

ビルの形が四角柱です
この鉛筆は六角柱です
サンドイッチも三角柱といっていいよね

六角柱の箱の側面を下にして置いて

T　これは何角柱で，底面と高さはどこですか。
C　合同な２つの面が底面だから左右の面が底面で，底面の形は六角形だから六角柱です。

他にもいくつか形の違う箱などを使って「底面」と「高さ」の関係で，底面が必ず下にくるとは限らないことを確かめる。

ふりかえりシートが活用できる。

第3時　円 柱

[本時の目標]　円柱の特徴や性質がわかる。角柱と比べ，身の回りにある円柱について調べようとする。

板書例

円柱を調べよう

1

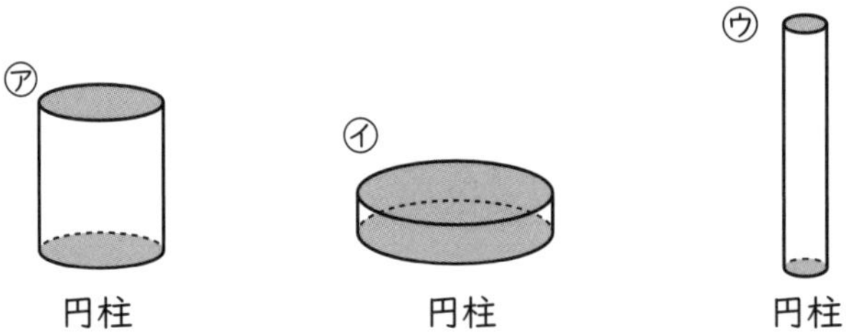
㋐
㋑
㋒
円柱
円柱
円柱

〈円柱とは〉

[底面]　円の形
2つの底面は合同

[側面]　曲面
1つ

2

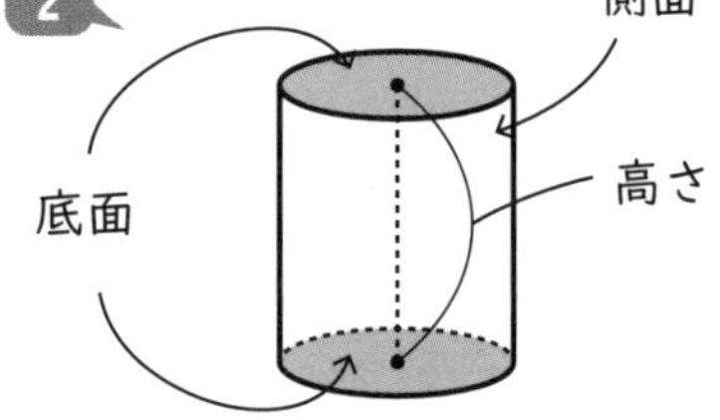
側面
高さ
底面

・2つの底面は平行
・底面と側面は垂直（すい）

[POINT] 円柱と角柱を比べて，共通しているところや違うところを出し合います。そうすることで，柱の形を総合的に考え深めるこ

1　㋐の立体は何という立体か，ふりかえろう

C　円柱です。
T　㋑と㋒はどうですか。
C　㋑と㋒も円柱…かな。㋑は平べったくて，㋒は細長くて全然違う形だけど。
T　円柱とはどんな形だったか思い出しましょう。底面や側面の形や数について説明してみましょう。

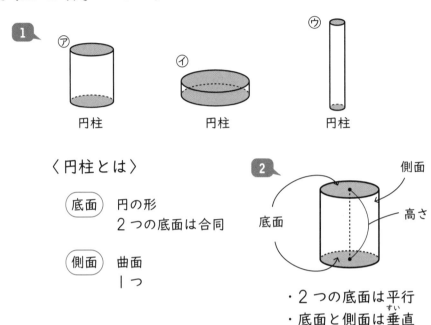

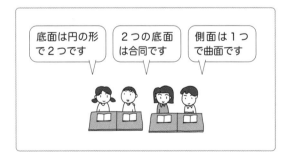

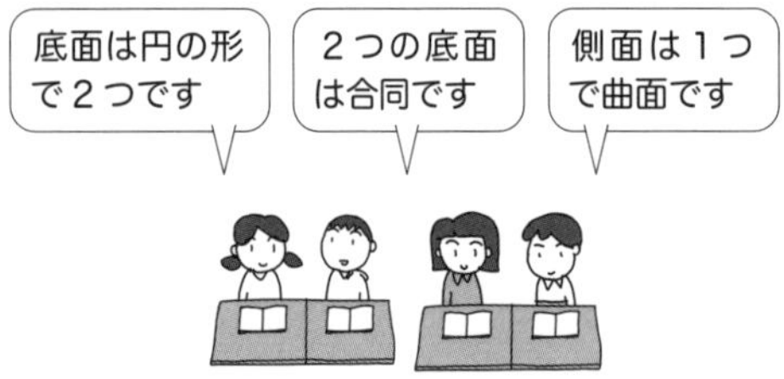
底面は円の形で２つです
２つの底面は合同です
側面は１つで曲面です

C　㋐〜㋒の立体はどれもあてはまるので円柱です。
C　円の大きさは関係ないんだね。

2　円柱の底面や側面について調べよう

第１時の学習内容と重なる部分もあるが，円柱の性質として再度おさえておく。

C　2つの底面は平行です。
C　底面と側面は垂直になっています。
C　角柱も同じでした。

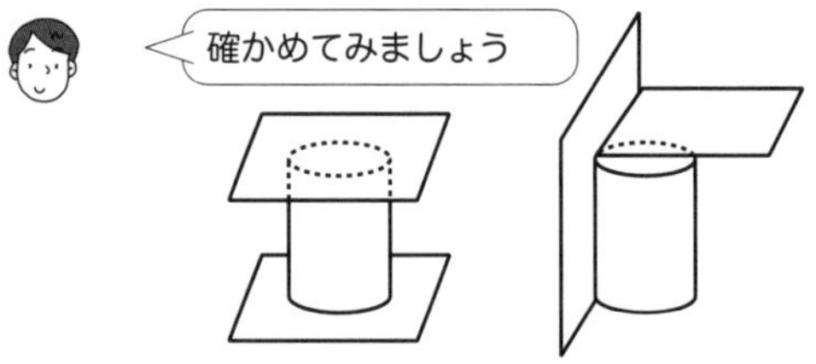
確かめてみましょう

円柱の「高さ」がどこになるかも合わせて確認しておく。

3 〈角柱と円柱のちがい〉

	円柱	角柱
底面の形	円だけ	三角形・四角形など多角形
側面の形	曲面	平面 長方形・正方形
側面の数	１	底面の形による
名前	円柱だけ	底面の形による

4 〈身の回りにある円柱〉

- ・すいとう
- ・おかしの箱
- ・ジュースのかん
- ・色えんぴつ
- ・クレヨン
- ・ロールケーキ

〈底面と高さはどこだろう〉

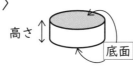
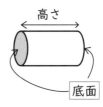

とができます。

---

3 円柱と角柱を比べて表にまとめよう

　円柱と角柱の違うところを，前時にまとめた角柱の表と比べながら進めていく。

C　角柱は底面の形によって名前が違っていたけど，円柱はどれも円だからすべて同じ名前だね。

T　名前はすべて円柱です。

T　角柱と円柱の違いを表にまとめましょう。

4 身の回りで円柱の形のものを見つけよう

C　水筒　　　　　C　お菓子の箱
C　ジュースの缶　C　チーズの箱
C　色鉛筆　　　　C　ロールケーキ

　教師が準備しておいた円柱のものを提示して，底面と高さを確認する。

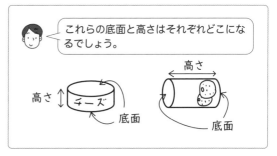

　角柱と同じで底面が必ずしも下にあるとは限らないことを確認する。

　ふりかえりシートが活用できる。

板書例

見取図がかけるようになろう

1 〈三角柱の見取図〉

2 〈かき方〉

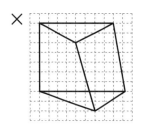

① 上の底面

　点イは点アから

　右へ 4，下へ 2

② 下の底面

③ 側面の辺

・ななめ上から見た図

・2 つの底面は合同

・2 つの底面は平行

・側面の辺は同じ長さで平行

・見えない辺は点線

POINT　うまくかけていない見取図を提示し，三角柱や円柱をかくポイントを子どもたちから多く引き出しましょう。子どもが

1 見取図を思い出してかいてみよう

C　見取図は，4 年生の直方体，立方体でかきました。その立体の全体の形がわかるような図です。

T　これは，先生がかいた「三角柱」の見取図です。

C　え？何か変だね。線が斜めになっているよ。

T　これからみんなで見取図の正しいかき方のポイントを見つけていきましょう。

　方眼に正しくかかれた見取図を提示し，改めて見取図がどう表されているかを意識して捉えさせたい。

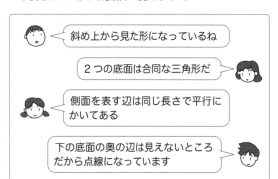

斜め上から見た形になっているね

2 つの底面は合同な三角形だ

側面を表す辺は同じ長さで平行にかいてある

下の底面の奥の辺は見えないところだから点線になっています

2 お手本通りに三角柱の見取図をかいてみよう

① 上の底面アイウをかきます。まず，アウは方眼の線に沿って 8 cm の直線を引きます。次に点アから右へ 4，下へ 2 のところに点イをとり，アイウを直線で結びます。

② 下の底面カキクをかきます。点アに対応する点カをとり，同じように三角形をかきます。1 つだけ気をつけることは，辺カクは見えない辺なので点線でかきます。

③ 側面の辺を 3 本引きます。

　（辺アカ，辺イキ，辺ウク）3 本とも同じ長さで方眼の線に沿って平行にかきます。

　教師からかき方をすべて伝えるのではなく，できる限り子どもたちが見つけたことをもとにして自分の考えでかけるようにする。

　子どもたちがいちばんつまずくところは線アイ。方眼で点を決めるときは，右へ（左へ）いくつ，下へ（上へ）いくつで点をとれるようにしておくとよい。

準備物		ICT	
準備物	[QR] 板書用図 ・方眼黒板 ・方眼用紙 [QR] ふりかえりシート	ICT	包含用紙のデータを配信すると、子どもはそのデータを複製して、何度も見取図の書き方を試すことができ、反復練習をすることができる。

3 〈円柱の見取図〉

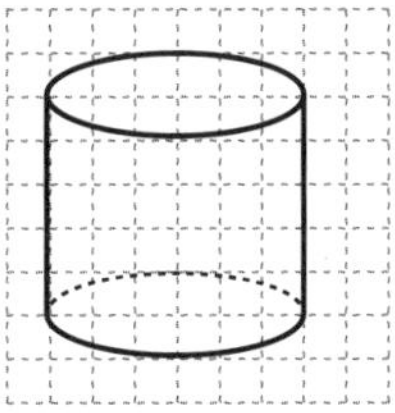

・ななめ上から見た図
・２つの底面は合同でだ円形
・側面の直線は２本，同じ長さで平行
・見えない線は点線

4 〈見取図をもっとかこう〉

㋐ 底面の辺が方眼に沿っていない

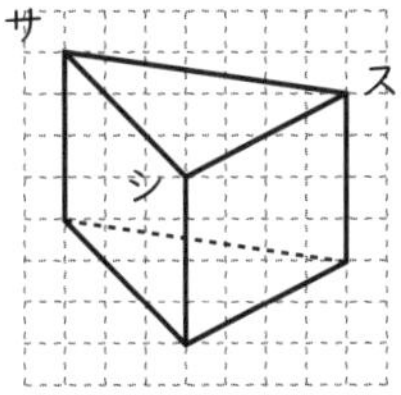

スは，サから右へ７下へ１の位置

㋑ 長さが指定されている

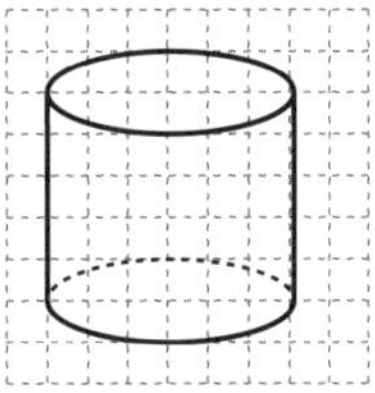

底面の円
直径 6cm

見つけたことを板書し，それをもとにして見取図をかいていくようにしましょう。

3 円柱の見取図をかいてみよう

方眼にかかれた円柱の見取図を参考にする。

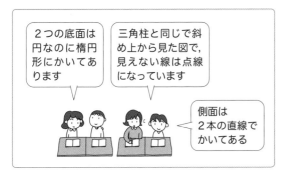

２つの底面は円なのに楕円形にかいてあります

三角柱と同じで斜め上から見た図で，見えない線は点線になっています

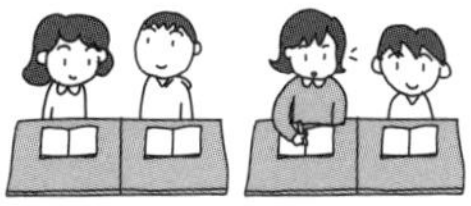

側面は２本の直線でかいてある

T　見本の見取図を見ながら，方眼用紙に円柱の見取図をかいてみましょう。

ここでも，できるだけ子どもたちが見つけたポイントをもとにかくようにする。円柱では，底面である楕円形が難しい。方眼を使うように伝える。できたら，隣の人と確かめ合う。

4 三角柱や円柱の見取図をもっとかいてみよう

㋐ 底面の辺が方眼に沿っていない

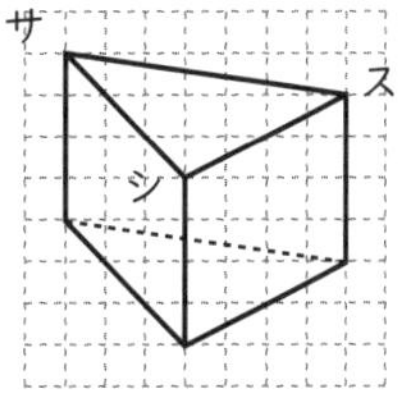

辺サスをかく際に，点スは点サから右へ７，下へ１の位置にとる。

㋑ 長さが指定されている

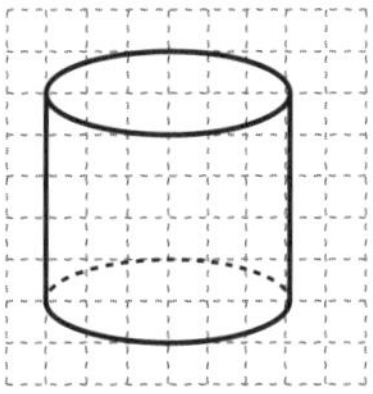

直径を６㎝とした楕円形の底面をかき，高さを５㎝にする。

どこの教科書の問題も，続きをかく問題となっている。答えの確かめとして，解答の図が透明シートにかいてあるものを持っておくと便利。

ふりかえりシートが活用できる。

本時の目標 角柱の展開図をかいたり，展開図を読み取ったりできる。

板書例

角柱の展開図をかこう

1 三角柱 　　　　　　　　コンパスを使う

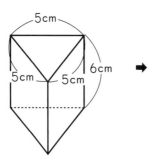

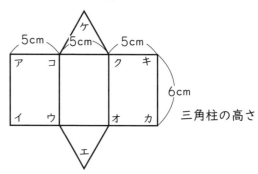

三角柱の高さ

2

・辺ケコと重なり合う辺…辺アコ

・点キに集まる点…点ケ，点ア

・点エに集まる点…点イ，点カ

(POINT) 展開図と立体が結びつきにくい子もいます。実際に展開図をかいて組み立てる経験がとても重要です。

---

1 三角柱の展開図をかいてみよう

T （工作用紙で作った三角柱を提示して）この三角柱を辺にそって切り開くとどんな形になるでしょうか。予想して略図をかいてみましょう。

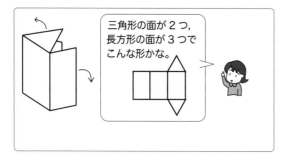

三角形の面が2つ，長方形の面が3つでこんな形かな。

三角柱を切り開いていき，展開図を黒板に貼る。図の中に頂点の記号を書き入れ，辺の長さも表す。

T みんなも工作用紙にこの展開図をかきましょう。

C 頂点ケとエはコンパスを使えば決められるね。

展開図がかけたら切り取り，頂点の記号を書くように伝える。

2 重なり合う辺や点を調べよう

T 組み立てたときに辺ケコと重なり合う辺はどこになるか考えましょう。

展開図のままで考えるようにする。

組み立てたところを想像してみよう

辺ケコと重なり合うのは…辺アコだな

T 点キと，点エに集まる点をそれぞれ考えましょう。

同じように展開図のままで予想する。

T 展開図を組み立てて，重なり合う辺や集まる点を確かめましょう。

手元に予想を立てたり，確かめたりできるものがあると，学習がより確実なものになる。

| 準備物 | ・方眼工作用紙　・はさみ　・セロテープ
QR 板書用図
QR ふりかえりシート
QR 画像「三角柱を切り開く」 | I C T | 包含用紙のデータを配信すると、子ども
はそのデータを複製して、何度も展開図
の書き方を試すことができ、反復練習を
することができる。 |

3 〈三角柱のほかの展開図〉

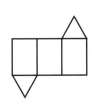 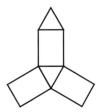 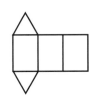

4 〈六角柱の展開図に挑戦しよう〉

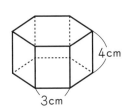 ➡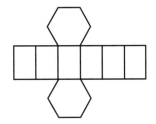

---

3 先と違う展開図になるように切り開いてみよう

T　展開図を組み立てて三角柱にしましょう。

　　セロテープを使って組み立てる。

T　組み立てた三角柱を，さっきと同じ展開図にならないように切り開いてみましょう。

C　違う展開図にするにはどこを切ったらいいかな。

T　セロテープで貼ったところではない辺を切るといいですよ。どんな展開図ができたか発表しましょう。

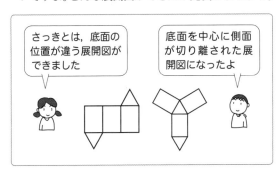

さっきとは，底面の位置が違う展開図ができました

底面を中心に側面が切り離された展開図になったよ

4 六角柱の展開図に挑戦しよう

　　底面が1辺3cmの正六角形で，高さが4cmの六角柱の見取図を黒板に貼る。

　　正六角形のかき方をふりかえる。

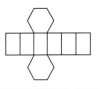

側面を並べてその側面の上下に底面をかいたらいいね

今度は六角柱だから，側面は6つになるよ

三角柱の展開図を参考にしてかいてみよう

ふりかえりシートが活用できる。

円柱の展開図

板書例

円柱の展開図をかこう

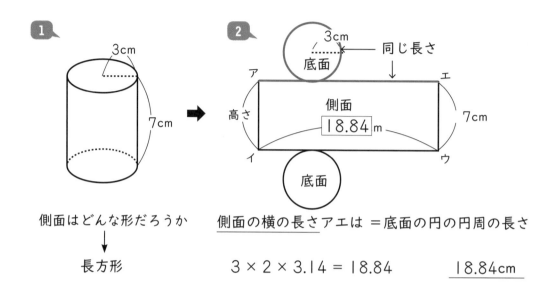

側面はどんな形だろうか
↓
長方形

側面の横の長さアエは　＝底面の円の円周の長さ

$$3 \times 2 \times 3.14 = 18.84$$

18.84cm

POINT　円柱の展開図の失敗例を紹介することで，展開図の側面の横の長さを考える必要性を印象深く学ぶことができるでしょう。

1 円柱の展開図を予想しよう

T　円柱の展開図がどんな形になるか考えます。予想してノートに簡単にかいてみましょう。

底面は，円だけど…，側面はどんな形になるんだろう

側面は，長方形かな？

底面の円に沿って少し丸くなっているのかな？

　　子どもの前で，まず底面を切り開き，次に側面を底面と垂直に切り開く。

C　あ！やっぱり側面は長方形だ。

　　黒板に展開図を貼り，底面，側面，高さを確認する。この時点では，円の半径と高さのみ，長さを示す。

2 円柱をうまく作る方法を考えよう

T　円柱の展開図をかいてみました。誰か組み立ててみてください。

　　代表の児童が組み立てる。

C　隙間が空いてしまう。
　　側面の横の長さが短いね

C　側面の横の長さを何cmにすればいいのかな。

T　側面の横の長さは，どこの長さと同じですか。

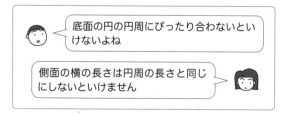

底面の円の円周にぴったり合わないといけないよね

側面の横の長さは円周の長さと同じにしないといけません

C　円周の長さは，直径× 3.14 だから，3 × 2 × 3.14 で求められます。側面の横の長さは 18.84cmです。

準備物	
QR 板書用図・方眼工作用紙・はさみ ・セロテープ・コンパス QR ふりかえりシート ・トイレットペーパーの芯 QR 画像「円柱を切り開く」	ICT ふりかえりシートに子どもがかいた展開図を写真で、共有機能を使って全体共有すると、対話的に考えを確認しあったり、深め合あったりすることができる。

3 〈展開図をかいて組み立てよう〉

まとめ
> ・底面は側面の上下に円２つ
> ・側面は長方形　長方形の横の長さ＝底面の円周の長さ
> 　　　　　　　　長方形のたての長さ＝円柱の高さ

4 〈練習しよう〉

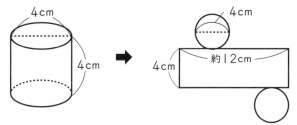

4cm

約12cm

4cm

4cm

4cm

底面の円の位置は側面の
横の辺に接していたら
どこでもよい

---

3 円柱の展開図をかいて組み立てよう

T　工作用紙の方眼の線を利用して，円柱の展開図をかいてみましょう。

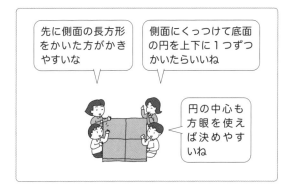

> 先に側面の長方形をかいた方がかきやすいな

> 側面にくっつけて底面の円を上下に１つずつかいたらいいね

> 円の中心も方眼を使えば決めやすいね

T　展開図がかけたら，切り取って組み立てよう。

　　組み立てる際に，側面をトイレットペーパーなどの芯に巻き付けて曲面の形をつけておくと作りやすい。

　　学習のまとめをする。

4 円柱の展開図をかく練習をしよう

T　底面が直径４㎝の円で高さが４㎝の円柱の展開図をかきましょう。底面の円の位置は，側面の長方形の横の辺に接していたらどこでもいいですね。

> **＜トイレットペーパーの芯は平行四辺形＞**
>
> 　円柱の側面は長方形だけではありません。ラップやトイレットペーパーの芯は平行四辺形が螺旋状に巻いてあります。連続して大量のものを作るときには，その方が効率的だからでしょう。組み立てた円柱の側面を斜めに切ると平行四辺形になります。
>
> 　基本は大事ですが，側面の形は長方形だけでないことを子どもたちに伝えると，立体図形の面白さに惹かれることでしょう。

　ふりかえりシートが活用できる。

角柱と円柱　第2時

名
前

1　底面に色をぬりましょう。

　　㋐　　　　　　　㋑　　　　　　　㋒　　　　　　　㋓

　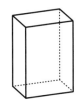　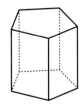　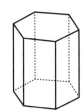

2　表に言葉や数を書きましょう。

	㋐	㋑	㋒	㋓
名　　称				
底 面 の 形				
側 面 の 形				
側 面 の 数				
頂 点 の 数				
辺 の 数				
面 の 数				

3　底面を黄色でぬり，高さに赤で線をひきましょう。

　　①　　　　　　　　　　　　　　②

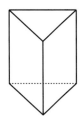　　　　　　　　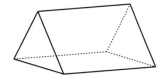

【企画・編集】

原田 善造　　わかる喜び学ぶ楽しさを創造する教育研究所　著作研究責任者

新川 雄也　　元愛媛県公立小学校教諭

【ICT 欄執筆】

安野 雄一　　関西大学初等部教諭　　　　　　　　　※ 2024 年 3 月現在

旧版『喜楽研の DVD つき授業シリーズ 新版 全授業の板書例と展開がわかる
　　DVD からすぐ使える　映像で見せられる　まるごと授業算数 5 年』（2020 年刊）

【監修者・著者】

石原 清貴　板垣 賢二　市川 良　新川 雄也　原田 善造　福田 純一　和気 政司

【授業動画】　　　　　　　　　　　　　　　【撮影協力】

石原 清貴　板垣 賢二　　　　　　　　　　　井本 彰

【発行にあたりご指導・ご助言を頂いた先生】

大谷 陽子

※ QR コードは，株式会社デンソーウェーブの登録商標です。

(喜楽研の QR コードつき授業シリーズ)

改訂新版　板書と授業展開がよくわかる

まるごと授業　算数　5 年（下）

2024 年 4 月 2 日　　第 1 刷発行

企画・編集：原田 善造　新川 雄也（他 5 名）
編　　　集：わかる喜び学ぶ楽しさを創造する教育研究所　編集部

発　行　者：岸本 なおこ
発　行　所：喜楽研（わかる喜び学ぶ楽しさを創造する教育研究所：略称）
　　　　　　〒 604-0854　京都府京都市中京区二条通東洞院西入仁王門町 26－1
　　　　　　TEL 075-213-7701　FAX 075-213-7706
　　　　　　HP　https://www.kirakuken.co.jp
印　　　刷：株式会社イチダ写真製版

ISBN：978-4-86277-475-0　　　　　　　　　　　　　　　　　Printed in Japan